Internas Voces

LANE CARNES

Copyright © 2024 Lane Carnes.

All rights reserved. No part of this book may be reproduced, stored, or transmitted by any means—whether auditory, graphic, mechanical, or electronic—without written permission of both publisher and author, except in the case of brief excerpts used in critical articles and reviews. Unauthorized reproduction of any part of this work is illegal and is punishable by law.

ISBN: 978-1-63950-224-0 (sc)
ISBN: 978-1-63950-225-7 (e)

This publication contains the opinions and ideas of its author. It is intended to provide helpful and informative material on the subjects addressed in the publication. The author and publisher specifically disclaim all responsibility for any liability, loss, or risk, personal or otherwise, which is incurred as a consequence, directly or indirectly, of the use and application of any of the contents of this book.

Writers Apex

Gateway Towards Success

8063 MADISON AVE #1252
Indianapolis, IN 46227
+13176596889
www.writersapex.com

Index

Dedication	1
"Reason"	7
"Yes, We Can"	23
"Riddle for the Frog"	30
"Each Petal"	33
"Guitar Notes"	35
"Another Cylinder"	40
"Inoculated Treasure"	46
"Mama's B"	50
"Rain on Window"	55
"The Pachuco"	60
"Accents"	64
"Retrospective"	69
"The Blue Bandana"	74
"Indifferent Friday"	78
"Each Step"	82
"Friday at School"	86
"The Alamo"	90
"Ireland"	94
"Paths"	98
"Café in Dingle"	102
"Espresso Coffee"	106
"Galway River"	110
"Unexpected Changes"	114

"The Yellow Dining Room" 118

"First Day" 122

"Simplification" 126

"Paper Doves" 130

"The Opera" 135

"Frustrated" 141

"Almonds" 146

"Seasons" 149

"Jan" 152

"New Orleans" 155

"In Between Quotation Marks" 159

"Accompanied" 164

"Pachi" 167

"Ode to Jim" 171

"Our Love" 174

"Mexican Rodeo" 177

"Tikal" 181

Índice

"La Razón" 2

"Ya Mero" 11

"Hasta la bye, bye" 13

"Sí, se puede" 18

"El acertijo para el sapo" 28

"Chaque pétale" 32

"Notas de Guitarra" 34

"Otro Cilindro" 36

"Tesoro Inoculado" 44

"Mama's B" 48

"Lluvia Sobre Ventana" 52

"El Pachuco" 58

"Acentos" 62

"Retrospectiva" 66

"La Bandana Azul" 72

"Viernes Indiferente" 76

"Cada Paso" 80

"Viernes Escolar" 84

"El Álamo" 88

"Irlanda" 92

"Senderos" 96

"Café en Dingle" 100

"Café Expreso" 104

"El Río de Galway" 108

"Cambios Inesperados" 112

"El Comedor Amarillo" 116

"Primer Día" 120

"La Simplificación" 124

"Palomas de papel" 128

"La Ópera" 132

"Frustrado" 138

"Las Almendras" 145

"Temporadas" 147

"Jan" 151

"Nueva Orleans" 153

"Entre Comillas" 157

"Acompañado" 162

"Pachi" 166

"Una Oda a Jim" 168

"Nuestro Amor" 173

"La Charreada" 175

"Tikal" 179

Dedication

I dedicate this book to my wife, Jan. Her *espíritu alegre* (joyful spirit), loving demeanor and natural beauty, accentuated by a radiating smile inherited from her late mother, touch the depth of my soul.

"La Razón"

Entre tinieblas ofuscas de
la mañana,
Miro por las persianas de
mi razón,
Red de arañas se destila
entre la lógica y
ríos imaginarios...

Laberintos subconscientes de
jardines de Louis XIV,
Hojas maquilladas en
círculos cuadrados,
circulares...

La mente es la máquina
de ideas,
Fluyen de una esquina
a otra,
Se filtran por neuronas
invisibles dentro de
la carne y hueso...

Material duro como troncos
mágicos del bosque,
Ofendidos por la sátira
del islam,
Una razón encerrada
por hierros defensivos,

Contra el ataque biológico
de microbios,
Una infección peligrosa
limitando la conexión entre
la gente...

Estímulo eléctrico entre
pulsos neuróticos,
Nervios,
un sistema sofisticado de
veredas,
intersecciones, encrucijadas...

Pascal dans *Pensées,*
Filósofo de la razón,
Perdido en un bosque
de palabras,
sílabas interconectadas...

L'évolution de la raison,
Voltaire con flores
geométricas,
Escenas de una Francia
idílica colocadas
entre espacios del
campo...

Impulso de individualidad
formada por la
construcción de Descartes,
la metafísica contradictoria,
Soy mi pensamiento,
Pensar es ser,

El aire es o no es,
La mentira es o no es,
Introspección natural entre
aromas del desayuno,
Ese vapor de un plato
caliente calma el espíritu,
Uno que come alimentándose
de versos, asonancias, perritos
onomatopéyicos,
Sonidos mudos, sordos,
Pintados por la nada,
Ese vacío de Jean-Paul
Sartre,
Ese ser y no ser,
El existir de la nada
como el néctar de limonada...

Pulso del respirar vestido
de avionetas de pajaritos
silbando sus alitas
en albercas de agua,
Letras en filas infinitas
ruedan de una línea a
otra,
Eslabones de metáforas, símiles,
personificaciones, asociaciones,
disparates, payasadas,
escritos eruditos, chismes,
bromas,
Salpican entre sombras de
insectos meditabundos,
Lagartijos escondiéndose
entre la verdura
permanente del mundo
subsconciente...

Diderot se alimenta
con semillas sazonadas
de tierra, impulsos
enciclopédicos de elementos
franceses,
Opios naturales combinan
conceptos matemáticos
en desfiguraciones ilógicas,
Un amor traicionado por
la pistola de lirios
pacíficos...

Niños petulantes, sociedades
nefastos de amigos,
conocidos, de razas separadas,
El privilegio gana más en
círculos de apariencias
de Christian Dior,
Entonaciones—*Bonjour Messieurs*—
esa riqueza fonética,
Juan de Valdés en su *Diálogo*
de la lengua,
mozárabes, judíos, celtas, romanos
con espadas de juguetes,
Trompos puntiagudos,
Rotaciones perfectamente coordinadas
entre cuadros del piso,
Rompecabezas de postulaciones,
Logaritmos algebraicos,
Sistematizaciones lógicas

de piezas inefables,
Vistas con el ojo transcendental
de Emerson,
Caminante con la caña
de su pluma,
Tinta derramándose sobre
páginas de veredas
de figuraciones cristalinas
disipándose en huellas,
Un andar metodológico
de desvíos planeados.

(1/8/2015—Poteet, Texas)

"Reason"

In between the obfuscated
darkness of the morning,
I look in between my
blinds of reason,
Spider webs distill themselves
between logic and
imaginary rivers,
Subconscious labyrinths of
Louis XIV's gardens,
Leaves made up in
square circles, circular…

The mind is the machine
of ideas,
They flow from one corner
to another,
Filtering themselves through
invisible neurons inside
flesh and bone,
Hard material like magical
trunks of the forest,
Offended by the satire
of Islam,
Reason enclosed by
defensive iron rods
against the biological
attack of microbes,
A dangerous infection limiting
the connection between people…

Electric stimulus between
neurotic pulsations,
Nerves,
a sophisticated system of
roads,
intersections,
Pascal's *Pensées*,
Philosopher of reason,
Lost in a forest of words,
Interconnected syllables,
Evolution of reason,
Voltaire with geometrical flowers,
Scenes of an idyllic France
placed between pastoral spaces,
Individual impulse formed
by the construction of Descartes,
The contradictory metaphysician,
I am my thoughts,
To think is to be,
The air is or is it not,
A lie is or is it not,
Natural self-reflection in between
breakfast aromas,
That steam of a hot plate
calms the spirit,
One that nourishes itself
from verses, assonances,
the onomatopoeic ruff of
small dogs,
Mute, deaf sounds
painted by nothingness,

that emptiness of Jean-Paul
Sartre,
That being and not-being,
Existing of nothing
like the nectar of lemonade,
Breathing pulse dressed
in minute airplanes of birds
whistling their wings
in pools of water…

Infinite rows of letters roll
from one line to another,
links of metaphors, similes,
personifications,
nonsense, and ridiculous associations,
erudite writings, gossip, jokes
splash in between shadows of
meditating insects,
Lizards hiding in the
permanent verdurous subconscious
world,
Diderot nourishes himself
with seasoned seeds of
the earth,
Encyclopedic impulses of French
elements,
Natural opiates combine
mathematical concepts in
illogical disfigurations,
A loved betrayed by the
pistol of peaceful lilies…

Petulant children,
Disastrous societies of friends,
acquaintances, of separate races,
Privilege wins in circles
of Christian Dior appearances,
Intonations—*Bonjour Messieurs*—
that phonic richness,
Juan de Valdés in his *Dialogue
on Language,*
Mozarabs, Jews, Celts,
Romans
with toy swords,
Pointed tops,
Perfect coordinated rotations
in between squares of
the floor,
Puzzles of postulations,
Algebraic logarithms,
Logical systematizations of
ineffable pieces,
Seen with Emerson's transcendental eye,
Walker with the cane
of his pen,
Ink spilling on the path's
pages,
Crystallized figures dissipating in
footprints,
A methodological walking
of planned detours.

(1/8/2015—Poteet, Texas)

"Ya Mero"

El mero, mero, del mero[1]
La troca me lleva[2],
It tastes like *la trucha*,
trucha, trucha[3],
Mera, mera
like a Sunday snow cone,
Mera raspa[4],
Raspas de tamarindo[5],
aguacate[6], *chile*,
Me gustan los snow cones,
Puro[7] sugar *en agua*,
Frozen like ice cubes,
Cubos de hielo[8],
Mero freezing like snowflakes
on a *techo*,
rooftop,
Raindrops on metal,
Mero splash, splash…

Water, *agua del fregadero*[9],
Ice cold, *frío hasta
el hueso*[10],
White matter,
Materia blanca,
Mera blancura como Blancanieves[11],
Snow White *en su
casa blanca*[12],
Te watcho man with

my *telescopio*,
telescope,
Purina de perro
with a white *cola*,
*Matchea el blanco*13,
*negro con la manchita*14
on its face,
Puro purring on the patio,
Mero, mero,
It's time to spend
el dime.

---

[1]mere, [2]The truck takes me, [3]trout, [4]snow cone, [5]tamarind, [6]avocado, [7]pure, [8]ice cubes, [9]from the sink, [10]cold to the bone, [11]mere whiteness like Snow White, [12]in her white house, [13]It matches the white, [14]black with the smallest spot

(1/13/2015—San Antonio, Texas)

"Hasta la bye, bye"

It's all about the ride,
My *amigo*,
Four corners of the world,
¿*Para qué*[1]?
Cuatro llantas[2],
all silver-plated rims
like rubberbands on
a tin can,
School, ¿*para qué carnal*[3]?

I'm going to build me a
chop, a shop,
Hydraulics everywhere,
Up and down like a
seesaw,
It's going to be decorated
con *decoraciones*[4]
like Taco Garage in
San Antonio,
San Anto,
A silver chain steering
wheel at the front
door,
Willie Nelson poster,
a *Tejano* all the way,
Long gray *pelos*[5] wrapped
around *ese* guitar,
Puro[6] sounds,

Notas[7] up and down,
Puro jale[8] like ink from
a tattoo needle,
Threads of my mother's
face,
*Tinta, tinta
de la cara*[9]...

Man, I'll have all kinds of
rims, gleaming hexagonal,
octagonal, diagonal, *todo*[10],
everything,
It'll be a balancing act,
Geometrical hallucinations,
Balance complete like
the scale,
tú sabes cholito[11],
the one the lawyers have,
La Justicia de Paz[12],
Hombre[13], We'll have,
Tenemos cholas[14]
everywhere on posters,
like a *museo*,
museum,
like my main homey,
Va a pintar[15],
A mural, *un mural*—
The history of my race,
Mi raza with everything
like my homegrown *carnal*,
Diego Rivera,
My grand *papá*[16] told me
about "*él*[17],"

La Alameda, this grande[18]
mural,
The whole *chimichanga*[19]
from Cortés, the Spanish
gachupín[20],
Porfirio Díaz, el dictador[21],
Emiliano Zapata,
Él era como[22] Robin Hood
like Malverde in Sinaloa, México,
the land of my *huercos*
sin bronca[23],
My wall will be like a
fiesta with Chevy Impalas,
Ford truck 1950,
purple, *morado*, with
lightning rods,
blancos[24] on each door panel,
Your *ojos*[25] will zigzag like
humo[26] from a smokestack…

El Camino, black, *puro negro*[27]
with red trim,
Puro rojo[28] like blood flowing
through my veins—
mis venas—
I'll paint a blue Pinto
like the ocean breeze,
It'll be low, touching the grave
of César Chávez,
Quiero dejir (decir[29]),
bien bajito[30] like my black
Dickies *pantalón*[31] in
a cactus desert,

with flames on the hood,
el capó, pura llamas[32]
with the letters—
C-A-L-I-E-N-T-E—
H-O-T on the black tinted
window,
Some three dimensional
fuzzy dice,
dados con pelitos,
like a mirage from Arizona,
I'll have—*tengo*—
an armadillo in a
zoot suit,
con el sombrero cholo[33] and everything,
todo,
Con la mano en el[34] pocket,
Knuckles, with the top of
his *dedos*[35] showing,
the phalanges *sin bronca,*
the letters C-H-E-V-Y
encima[36] the fingers,
It will coordinate like a
mariachi *conjunto*[37]—
Tunes like Speedy González
on Looney Tunes—
One big strobe light
in the *centro*[38] of my chop,
I mean shop,
Lights flickering on everything
like a Bic lighter,
encendedor,

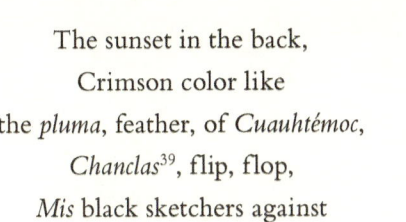

The sunset in the back,
Crimson color like
the *pluma*, feather, of *Cuauhtémoc*,
Chanclas[39], flip, flop,
Mis black sketchers against
the pedal,
Todo en negro[40]…

Ese wall is going to
look *bonita*[41] like my *chiquita*[42] on
Saturday night,
Todo lo que necesito[43] is
a bandana flying like
a *platillo volador*,
flying saucer, on a banana,
Hasta la bye, bye,
Paz y purito[44] shine
on a dog's spine.

---

[1]For what?, [2]four tires, [3]for what brother?, [4]with decorations, [5]hairs, [6]pure, [7]notes, [8]effort, [9]Ink, ink from the face, [10]everything, [11]you know little dude, [12]Justice of the Peace, [13]man, [14]We have mestiza girls, [15]He's going to paint, [16]father, [17]him, [18]big, [19]tortilla wrapped with a meat filling, deep fried, [20]a disparaging term referring to a Spanish native settling in America, [21]dictator, [22]He was like, [23]boys no problem, [24]white, [25]eyes, [26]smoke, [27]black, [28]red, [29]I want to say, [30]real low, [31]pants, [32]pure flames, [33]with the Mexican-American street gang hat, [34]with hand in the, [35]fingers, [36]on top of, [37]band, [38]in the middle, [39]sandals, [40]Everything in black, [41]pretty, [42]little babe, [43]Everything I need, [44]Peace and pure little

(1/13/2015—San Antonio, Texas)

"Sí, se puede"

El racismo sangra de uvas
sin semillas, agrias, petrificadas,
corruptas,
El eco del canto de
César Chávez se oye hoy
en todos los bulevares de
cada ciudad principal
de los Estados Unidos,
Las muertes insensatas de Michael
Brown, Trayvon Martin,
los ilegales cruzando
nuestras fronteras, el río Bravo,
el río Grande…

La lucha de a mediados de
los años 1960 derramada
por yemas de dedos sudorosas,
callosas, amoratadas,
El grito de Corky Gonzáles,
"Yo soy Joaquín",
Sandra Cisneros se come
un mango podrido en la "calle Mango"…

En el desierto solemne de Yuma,
Arizona,
Nace Chávez,
Trabajadores de la finca saludan
la aurora bendita de la

tierra de leche y miel,
La tierra que Moisés
prometió a su gente,
Manchada por la avaricia
del hombre blanco,
el *bolio*, robando el pago
justo por la ganancia capitalista...

Comenzó con el Tratado de Guadalupe
después de la Guerra de México
de 1848,
cuarenta y ocho centavos al
día para ti,
Mexicano, de piel marrón,
Raza blanca insensible
hacia mis niños hambrientos,
Mi esposa sin zapatos,
Marchamos sin violencia de Delano
a Sacramento,
Nuestras huellas de pie
cicatrizan la tierra
de nuestros antepasados, Coronado,
Cabeza de Vaca, Cortés, los apaches,
los dakotas...

Marchamos contra la opresión
de Porfirio Díaz, Santa Anna,
Carlos Salinas y presentemente,
Peña Nieto, ocultando
las muertes de 45
estudiantes por oficiales
corruptos que acallan
las voces de protesta en

México, unas que devuelven
el eco en los pasillos
del gobierno norteamericano,
de México y el resto del mundo,
Caen sobre oídos sordos, sordos...

La corrupción de avaricia
impregnan los campos de
Delano, California cruzando
todo América hasta llegar
a Patagonia en
América del Sur,
Carteles llenan las venas
de sus consumidores
con el opio de apatía,
indiferencia,
Caleidoscopio psicodélica de
Jimi Hendrix,
Una *neblina morada*,
llenando nuestras mentes
con avaricia mugrienta,
los *selfies* y vanidad sin sentido,
Una marcha por *La Raza*,
No sólo los chicanos
sino el tapiz de todos
los norteamericanos compartido
por el sueño de Martin Luther
King,
pero una pesadilla en la
falsedad pretenciosa
de Barack Obama,
un ícono de Hollywood con
palabras articuladas, huecas,

El desempleo bajo su
administración escalona a niveles
altos,
Las ciudades están inundadas
de violencia,
El abuso de policías,
Anglos sobre negros,
Negros sobre negros,
Obama se esconde detrás
de la posición calculada
de su dedo índice a la
derecha de su pulgar,
Su meloso intelecto vacío de
una ingrávida retórica metafórica—
"Hemos venido una distancia larga",
Más de 70 millones
de hombres y mujeres desvelados,
principalmente minorías,
desbordan los portones
de nuestras calles de ladrillos
amarillos y dorados
que nos llevan a la Casa Grande...

Sí, se puede, pero no por
lentes monolingües, de una sola cultura,
Un cambio total en que los pretenciosos
hermanos gemelos, Joaquín y Julián
Castro, si fieles a su herencia
del *Westside* (lado oeste),
hablaran español—
E-S-P-A-Ñ-O-L—
Qué concepto, representar *La Raza*,
los miles de niños desbordando

nuestras fronteras de Guatemala,
México y otros países centroamericanos…
Puedes enfrentarte a los opresores
de esos gobiernos y decirle
directamente a Peña Nieto,
el presidente actual
de México,
"¿Qué haces para tu gente?"
La marcha continúa para
que los poetas verbalicen,
Para que el gobierno exija
que sus ciudadanos
aprendan con fluidez el español,
francés, árabe y otros idiomas
para continuar la marcha
contra la discriminación,
el extremismo, racismo,
absolutismo—
César aboga,
"Sí, se puede",
"La marcha continúa",
Vamos a marchar juntos
como una sola raza humana.

(3/12/2015—San Antonio, Texas)

"Yes, We Can"

Racism bleeds from sour,
petrified, corrupted seedless
grapes,
César Chávez's chant echoes
today on all the boulevards
of every major U.S. city,
Senseless deaths of Michael
Brown, Trayvon Martin,
The *ilegales* crossing our
borders, the río Bravo,
the Rio Grande...

The *lucha* (fight) of the mid-1960s
drenched by
sweating, calloused,
bruised fingertips,
The call of Corky Gonzáles,
"Yo soy Joaquín,"
("I Am Joaquín"),
Sandra Cisneros eating
a rotten mango on
"Mango Street..."

In the solemn desert of Yuma,
Arizona,
Chávez was born,
Farm workers greeting
the blessed sunrise of

the land of milk and honey,
the land Moses promised
his people,
One tarnished by the greed
and drunken avarice
of the White man,
the bolio (Anglo), stealing the fair
wage for the capitalistic
profit...

It began with the Treaty of
Guadalupe after the Mexican War
of 1848,
forty-eight cents a day
for you,
Mexican, brown skin,
White race insensitive
to my hungry children, my shoeless
wife,
We march nonviolently from
Delano to Sacramento,
Our footprints scar the *tierra*
(land) of our forefathers, Coronado,
Cabeza de Vaca, Cortés, the Apaches,
Dakotas...

We march against the
oppression of Porfirio Díaz,
Santa Anna, Carlos Salinas,
and presently, Peña Nieto,
concealing the deaths of
the 45 students by corrupt
officials silencing the

voice of protest
in Mexico,
one that echoes in the halls
of the U.S. government,
Mexico, the rest of the world
on deaf, deaf ears ...

The corruption of greed
permeates the fields
of Delano, California across
America all the way
to Patagonia in South America,
Cartels filling the veins
of its consumers with the
opium of apathy, nonchalance,
psychedelic kaleidoscopes of
Jimi Hendrix,
a purple haze filling our
minds with filthy greed
captured selfies and mindless
vanity,
March for *La Raza* (The Race), not only
the Chicanos, but the tapestry
of all Americans shared by
MLK's dream,
The nightmare of Barack Obama's
pretentious falsity,
The Hollywood icon with
articulate hollow words,
Unemployment for Blacks is
staggering under his watch,
Inner cities are wretched with
violence,

Police brutality, White on Black,
Black on Black,
Obama hides behind the calculated
positioning of his right
index finger and thumb,
His smooth intellectual vacuum
of weightless metaphoric rhetoric—
"We've come a long way,"
As the true reality is
unveiled,
Over 70 million restless men and women,
minorities primarily, flood
the gates of our golden
and yellow brick roads
leading to the Big House…

Sí, se puede, but not through
monolingual, monocultural lenses,
A complete makeover where
pretentious twin brothers
like Joaquín and Julián Castro,
if true to their Westside
roots, spoke Spanish—
E-S-P-A-Ñ-O-L—
What a concept, representing
La Raza,
The thousands of children
flooding our borders
from Guatemala,
Mexico, and other Central
American countries…

You can face the oppressors of
those governments and say
directly to Peña Nieto,
the current president of Mexico,
"¿Qué haces para tu gente?"
(What are you doing for your people?)
The march continues for poets
to call out,
for governments to demand
our citizens to become fluent
in Spanish, French, Arabic, and
other languages
to continue *la marcha* (march) against
discrimination, extremism, racism,
absolutism—
César pleads,
"Sí, se puede,"
"La marcha continúa,"
(The march continues),
Let's march together,
All as one human race.

(3/12/2015—San Antonio, Texas)

"El acertijo para el sapo"

Cada lugar tiene su chiste,
Ratones en balsas
existen,
Chaque rue está lleno
de fleurs de Nuestra Señora
del Lago,
San Anto / tonta,
Jóvenes en tinta verde,
Les étoiles de la mer
sont venues,
Le Seigneur reste dans
le coeur philosophique,
Le mouvement du vent
entre ramas interconectadas,
Un ciel tranquille,
Jesús,
Vuelo de acrofobia,
Miedo, *la crainte,*
Ondulaciones de Peaches & Herb,
Notas del moto del pasado,
Resuenan entre *couleurs* du arcoíris,
Ces yeux, les vôtres
dans mon stylo
bleu comme la mer,
Les sports les enfants jouent,
La musique voit votre image
dans le miroir de tes yeux,
Saxophone entre les dents
de la tigresse,

La pulsation du chat,
Garmo, *dort tranquillement,*
Iron Butterfly, Stevie Ray Vaughan,
Rubén Blades,
Batería entre hojas aceitunadas
en la oscuridad *de la forêt*
habitant les oiseaux,
Pulpa de banana
con mi/tu estrella,
Calles encrucijadas con pulso de
Camaros interconectadas
con aros de bicicletas
amarillas,
sonidos de cafetería—I don't
want no other—
Je ne voudrais pas un autre,
El ruido de máquina,
El papel cortado,
El fluir del río, *rivière*
martillando
como *les cinq travailleurs*
de Honduras,
Mary Juana en billete de cinco,
Perro, *dog* policíaco con banana
anaranjado entre dientes
celebrando *la fête*
du Nouveau Monde,
Tout est bon ici,
Français picado,
Español envuelto en tortilla
de harina con
un sincretismo bello,
Africano-cajún.

(4/10/2015—Nueva Orleáns, Luisiana con Jan)

"Riddle for the Frog"

Each place has its
quirks,
Rats on rafts
exist,
Each road is full of flowers
from Our Lady
of the Lake,
San Anto / fool,
Youth in green ink,
Stars of the sea
have arrived,
God rests in the philosophic
heart,
The movement of the wind
in between interconnected
branches,
A calm sky,
Jesus,
Acrophobic flight,
Fear,
Undulations of Peaches & Herb,
Notes from the *joint*
from the past,
It resonates in between
colors of the rainbow,
These eyes, yours,
in my pen,
Blue like the sea,

Children play sports,
Music sees your image in
the mirror of your eyes,
Saxophone in between teeth
of the tigress,
The pulsation of the cat,

Garmo sleeps peacefully,
Iron Butterfly, Stevie Ray Vaughan,
Rubén Blades,
Drums in between olive colored
leaves in the darkness
of the forest,
Birds live,
Banana pulp with my/your star,
Streets with intersections,
Pulsations of *Camaros* interconnected
with yellow bicycle wheels,
Sounds of a coffee maker—
I don't want no other—
The noise of a machine,
Cut paper,
The flow of the river
hammering like five workers
from Honduras,
Mary Juana on a five dollar bill,
Police dog with an orange
banana in between its teeth,
Celebrating the party
of the New World,
Everything is good here,
Spiced French,
Spanish wrapped
in a flour tortilla
with a beautiful syncretism,
Cajun-African.

(4/10/2015—New Orleans, Louisiana with Jan)

"Chaque pétale"

Chaque instant à La Nouvelle-Orléans
dans le ciel ici avec
Pink Floyd,
*Le prisme d'arc
dans le monde,*
Monde, Café du Monde,
El clic, clic
de cambios como la bicicleta Raleigh
verde en Puerto Rico,
Ese taíno de Juan en
su duho de concha...
Ponce de León, órale ésa,
Ruca, sabor criollo,
Sonidos mezclados,
Mélange,
Sonidos africanos,
Sincretismo cultural,
El *bruu* de motora,
Conversaciones como pichones
en el Viejo San Juan,
Campanas de Rosalía de Castro,
Poeta del romanticismo español,
Siglo XIX,
entre líneas de un
renacimiento,
esa amalgamación que comenzó
en Haití,
Ce matin con ese conductor
humilde de voz tranquila,
de herencia mixta, *je crois,*
Ce mélange.

(4/10/2015—Nueva Orleáns, Luisiana con Jan)

"Each Petal"

Each moment in New Orleans
in the sky here
with Pink Floyd,
The arch's prism
in the world,
World, Café du Monde,
The click, click of
gears like the green
Raleigh bicycle in Puerto Rico,
That *Taíno* Juan
in a shell chair,
Juan Ponce de León,
Hey, what's up,
Chick, creole flavor,
Mixed sounds,
Mélange,
African sounds,
Cultural syncretism,
The *bruu* of a motorcycle,
Conversations like pigeons
in Old San Juan,
Bells by Rosalía de Castro,
Spanish romanticist poet,
19th century,
In between lines of a
rebirth,
Cemented in Haiti,
That morning with a humble
driver with a peaceful
voice,
of mixed heritage, I believe,
This mélange.

(4/10/2015—New Orleans, Louisiana with Jan)

"Notas de Guitarra"

En el silencio de la iglesia,
El canto de Texas,
Cada nota, *chaque note,*
Cada *latissimus dorsi,*
Adaptación,
Fluir de la subconsciencia de Jung,
Sigmund yuxtapuesto…

Juan Lara, Enrique,
Camus con alas de avión,
Sonidos frenéticos, voces, ruidos,
El cliquear de todo,
Voces, distracción continua,
Continúa
comme on dit en français,
Momentos cambian *dans les*
secondes comme
el cerrar de gabinetes
entre Scott Peck, Jung disfrazados.

(4/12/2015—Nueva Orleáns, Luisiana con Jan)

"Guitar Notes"

In the silence of the
church,
The song of Texas,
Each note, each latissimus
dorsi,
Adaptation,
Flow of Jung's subconsciousness,
Sigmund juxtaposed…

Juan Lara, Enrique,
Camus with airplane wings,
Frenetic sounds, voices, noises,
The clicking of everything,
Voices, continuous distraction,
Continues like one says in French,
Moments change in seconds like
the closing of cabinets
in between words of Scott Peck,
Jung disguised.

(4/12/2015—New Orleans, Louisiana with Jan)

"Otro Cilindro"

Pura agonía en la Hillside Auto
como conejito saltando
entre ojos felices de esa
jovencita humilde,
Alegre entre bocados
de un McMuffin de huevo,
C'est vraiment délicieux...
Anoche en la Hideout 2
en Sattler,
Un humorístico Brian,
del norte de Iowa,
tambaleando entre olas humeadas
por un charlatán
sans dent moyenne supérieure
en la mesa de billar,
ese fluir de André Breton,
comunista surrealista opuesto
a Rosalía de Castro con sus campanas
de *pays*,
Se opone a Breton,
amigo de Dalí,
Ese loco Dalí que salta de un huevo,
Yema de caracol entre luz
de halcón ayer por la carretera Huber
en Seguin...

Raptando otro pájaro con alas
de seda atravesaba escondido
antes mis ojos como el
"Yo miro tus ojos" de aquella,
Misty, ese perfil de ojos

puramente divinas resplandeciendo
entre bocados en el Longhorn Café,
Vaca de cuernos largos,
Animal, *animaux magiques*
del gran estado de Texas,
Cerveza Lone Star Light anoche
jugando billar con Brian
cayéndose entre tonos de
música, notas entre olas
concéntricas de humo,
en el parque de Canyon Lake,
El condado de Comal en Startzville,
Océano celestial,
Otra vez en el restaurante de
BJ's con Patrick,
el camarero,
Cervezas de tiburón
se dispensan entre las colinas
de Guadalupe,
Patricio, buena gente con barba,
Recomienda la cerveza Nutty
Blonde,
Mostaza fluye entre vociferaciones
de un mundo de gringos
plásticos con camionetas
de Dodge, campesinos de ojos
grandes como Texas,
Aquella mujer de Chiapas,
Éste con su guille sentado,
Lo imagino con aquélla entre
sábanas místicas,
compuestas de palabras bilingües,
esa muchacha mundial
conversando del id de André

Breton,
Aquel amigo surrealista
de Rosalía de Castro,
escritora española,
Siglo renacentista,
Campanas entre domicilios
de *"ma solitude a bien*
démontrée, je pouvais alors
m'abandonner aux charmes
d'une virile tristesse".
C'est la tristesse de
un homme qui ne sait
pas être seul dans la
nature de la forêt de
m'imagination chaque moment
que je pense en toi
que m'oublais que on doit exister
en harmonie avec tous...

Freud y la conciencia de Carl Jung,
Francisco Espronceda escribía
de narices puntiagudas como
elefantes patas arriba
como una nave
en que las serenas se acostaban
dans le lit de Camus,
Entre ojos de Federico García Lorca,
fusilado a comienzos de la Guerra Civil
Española de 1936 por falangistas,
Considerado el poeta supremo
después del Siglo de Oro,

El surrealismo entre cantazos
de copas,
Ritmos de Marvin Gaye,
Aquella joven humilde en la
Sac-n-Pac,
Ese fluir del motor de la
batida,
Su madre muerta a los
45 años,
Consumo exceso del alcohol,
Melodías de Jimi Hendrix,
La "Purple Haze", niebla azul
de Unamuno,
Generación de 1898 precede Dalí,
Breton, García Lorca,
Espronceda con narices,
Rosalía de Castro toca
sus campanas.

(5/3/2015—Después de misa en New Braunfels, Texas)

"Another Cylinder"

Pure agony in the Hillside
Auto like a small rabbit
jumping in between happy
eyes of that humble young
lady,
Joyful in between bites
of an Egg McMuffin,
It's truly delicious...

Last night at the Hideout 2 in
Sattler,
A humorous Brian from Northern
Iowa stumbling
in between humid waves by
a middle-toothless charlatan
at the pool table,
That flow of André Breton,
Communist surrealist opposed to
the country bells of Rosalía de
Castro,
Albert Camus opposes
Breton, Dalí's friend,
That crazy Dalí who jumps
out of an egg,
Yolk of a shell in between a
hawk's light on Huber Road in
Seguin...

Kidnapping another bird,
Glorious bird with silky wings
hidden traversed before my
eyes like "I look at your eyes"
of that, Misty, that profile
of purely divine eyes shining
in between mouthfuls at the
Longhorn Café,
Long-horned cow,
Magical animals of the great state
of Texas,
Lone Star Light Beer last night
playing pool with Brian falling
in between musical tones,
Notes in between concentric
circles of smoke
in the Canyon Lake Park
of Comal in Startzville,
Celestial ocean again with Patrick
at BJ's Restaurant,
Shark beer is dispensed
in between the hills of Guadalupe,
Patrick, good people, with beard
recommends the Nutty Blonde Beer,
Mustard flows in between the
vociferations of a world of
plastic *gringos* with Dodge pickups,
Country folks with big eyes like
Texas,
That woman from Chiapas,
This one prideful he sits,
I imagine him with her in between
mystical sheets,
composed of bilingual words,

That woman conversing of André Breton's id,
That surrealist friend of Rosalía de Castro,
Spanish writer,
Renaissance century,
Bells in between homes
of "my solitude has well
demonstrated, I could abandon
myself to the charms of
a virile sadness."
It's the sadness of a man
who does not know how
to be alone in the nature
of the forest of my
imagination,
I forgot one must
live in harmony with others…

Freud and Carl Jung's conscientiousness,
Francisco Espronceda wrote about
pointed noses like elephants
with feet in the air
like a ship in which mermaids lay
in Camus's bed,
in between Federico García Lorca's eyes,
executed at the beginning of the
Spanish Civil War of 1936 by Falangists,
Considered the supreme poet
of the Post-Golden Century,
Surrealism in between wounds
from drinks,
Marvin Gaye rhythms,
That humble girl at
Sac-n-Pac,

That flow of the motor
from the milkshake,
Her mother dead at the
age of 45,
Excessive consumption of alcohol,
Jimi Hendrix tunes,
"Purple Haze," blue fog
of Unamuno,
Generation of 1898 precedes Dalí,
Breton, García Lorca,
Espronceda with noses,
Rosalía de Castro rings
her bells.

(5/3/2015—After church in New Braunfels, Texas)

"Tesoro Inoculado"

Desperté de un insomnio
de André Breton,
Emily Dickinson
esquivaba y vacilaba
con su poesía
en su cuarto,
Aislada de la
imbecilidad viviendo
en su mundo incógnito
entre helicópteros de humo
como la Max Weber,
Ese sociólogo alemán,
Estudiante de la naturaleza humana…

Dos chihuahuas bravos
defienden su territorio,
La hembra brava saca
esos dientes afilados de Francis
Bacon en Atlantis, ese país
de los comanches,
Halcón valiente destinado
a la majestad en el
viento soplando hoy
sobre los llanos de Seguin,
Movimiento despacio,
Raro para la carretera 90,
Pueblos entretejidos por bocados
de helado de

vainilla *avec* Óscar, no de la Renta
et Justin, l'ami de Bieber,
Ecos de un pasado
se manifiestan ahora,
Clamor de tenedores,
Gente pontificando entre sílabas,
El sábado, ese pasado presente,
El nihilismo en el viento de
un pastizal,
Orinando yo en la brisa
en la carretera 90 por Luling, Texas.

(5/9/2015—Seguin, Texas)

"Inoculated Treasure"

I awoke from an insomnia of
André Breton,
Emily Dickinson dodged and
dithered with her poetry
in her room,
Isolated from the imbecility
of living in her incognito
world in between smoke-made
helicopters like Max Weber,
that German sociologist,
Student of human nature...

Two aggressive Chihuahuas
defend their territory,
The rabid female shows those
sharpened teeth of
Francis Bacon in Atlantis,
that country of the Comanches,
Brave hawk destined for
majesty in the blowing wind,
today, on the Seguin plains,
Slow movement,
Strange for highway 90,
Towns interconnected by
bites of vanilla ice cream
with Óscar, not de la Renta
and Justin, Bieber's friend,

Echoes of a past are
manifested now,
Clamoring of forks,
People pontificating in between
syllables,
Saturday, that past-present,
Nihilism in the
wind of a pasture,
I urinate in the breeze
on highway 90 by Luling, Texas.

(5/9/2016—Seguin, Texas)

"Mama's B"

Radio de un abuelo decora
este café-restaurante
de escoceses,
Amantes del hielo,
Aquí entre dos jóvenes,
tablitas negras con listas de comidas,
Cuadro empedrado del año 800 d.C.,
Visigodos, alemanes o escoceses,
Mezcla de razas,
El hispano en todas partes está,
La madera de la mesa
evoca cantos de Lima,
La dueña con sonrisa humilde
canta entre sonados de "Ay, ja, ja",
de Pedro Infante, trompetazos
con enchiladas gringas,
Salsa verde, roja picante,
Ese *gunslinger* de la cantina
Blow Out,
orgulloso de sus hijos,
La cerveza lo domina entre
chistes,
Un mundo insensible en El Palmo/a,
chiste de Oklahoma,
Guthrie,

Piedras de barro adoquinadas
entre estallidos de
cantos de amor,
la torre de Babilonia, Babel,
en que Dios dispersó
esa diáspora de lenguas,
imágenes,
Chicas dicen: "Adiós" (to God),
Jesús está bien conmigo
(Jesus is just alright with me),
Los hermanos Doobie fumando
mota entre cantos de Mariachi,
esas canciones angustiosas
de la María de Santana "Ay, Ay",
Canta y no llores,
Las lágrimas de todas las vidas.

"Mama's B"

A grandfather's radio
decorates this Scottish
restaurant-café,
Lovers of ice,
Here in between two young ladies,
Black tablets with lists of food,
Rock embedded painting
of the year 800 A.D.,
Visigoths, Germans, or Scottish,
Mixture of races,
The Hispanic is everywhere,
Wood from the table evoke
songs from Lima,
The owner with a humble
smile sings in between
sounds of "Ah, ha, ha,"
of Pedro Infante with
enchiladas gringas,
Green sauce, spicy red,
That gunslinger from the
bar Blow Out,
proud of his children,
Beer dominates him in between jokes,
An insensible world at El Palmo/a,
An Oklahoman joke,
Guthrie,

Clay rocks cobbled
in between sounding trumpets
of love songs,
The tower of Babylonia, Babel,
in which God dispersed
that diaspora of languages, images,
Girls say, "Adiós" (to God),
Jesus is alright with me,
Jesus is just alright with me,
The Doobie Brothers smoking pot
in between Mariachi songs,
those anguishing tunes of Mary
of Santana "Ah, Ah,"
Sing and don't cry,
tears of all lives.

(7/18/2015—Before a triathlon in Guthrie, Oklahoma.)

"Lluvia Sobre Ventana"

Espacio sin palabras,
Un silencio circunda los
alrededores de nuestra
conciencia,
El motor del avión ruge
como animal imperceptible
del bosque,
Flores beben detrás de
cortinas transparentes,
Jugo de uva refresca
el paladar…

Detalle elaborado a lo
barroco,
Historia de nuestras vidas
plasmada en cada gota
singular,
Recuerdos de domingos
con paletas en la arena
de Punta María,
Vaivén de vuelos de un pasadopresente,
Audífonos conectados,
Notas musicales plasman
el espejo de la conciencia,
Sábados tempranos con brisas
tropicales ventilan por la
ventana…

Alcapurrias deslindan la costa
de La Pared en Luquillo,
esa playa singular de agua
tempestuosa,
Arena densa con huellas del conquistador,
Bocadillo, sándwiches cubanos
en planchas puertorriqueñas...

Tardes calurosas encima
del asfalto de las canchas
de CIAA (Colegio de Ingenieros,
Arquitectos y Agrimensores),
Equipos de camisetas azules,
rojas, verdes,
Infinitud de tardes pintadas
por pinceles inolvidables,
Baldrich, ese barrio
en Hato Rey,
Cancha de cemento cilíndrico,
Horas gastadas en la soledad
de movimientos,
Un balón rebotando calladamente
entre gotas de sudor,
Bulto académico con cuadernos,
lápices,
El olor de la piel del bulto
con pedacitos de goma
dispersados entre páginas
vírgenes
sin mancha de la tinta...

Corredores de los apartamentos, El Monte,
Amapolas, azucenas,
Hombre vendedor vociferando
atónitamente cada sábado
a esa misma hora del atardecer…

Limbers de coco, frambuesa,
fresa, maní, aguas
azucaradas de múltiple color,
Juegos de trompos con
hilos,
Bicicleta Schwinn,
azul marino con silla
de plátano,
Luz generada por mecanismo
metálico sobre la llanta,
Gallitos planteados con soga en la
tierra de esa escuelita,
Otro jueguito de dos pegando
la semilla de su
algarroba contra la del otro,
Perdido en memorias de neblina
encapsuladas
en cuerpitos de lluvia.

(11/6/2015—En avión para Norfolk, Virginia con Jan, Ann, Blake y Adam)

"Rain on Window"

Space in between words,
A silence circulates
the whereabouts of our
consciousness,
The engine of the airplane
purrs like an imperceptible
animal of the forest,
Flowers drink behind
the transparent curtains,
Grape juice refreshes
the palate...

Elaborate detail in
a baroque style,
History of our lives
captured in each unique
drop,
Memories of Sundays
with wooden rackets
on the sand of Punta María,
Coming and going of flights
from a past-present,
Headset connected,
Musical notes cemented
in the mirror of
consciousness,
Early Saturdays with tropical
breezes ventilate
through the window...

Stuffed taro and green banana fritters
demarcate the coastline of
La Pared in Luquillo,
That unique beach of tempestuous water,
Dense water with footprints
of the Conquistador,
Baguettes, Cuban sandwiches
in Puerto Rican sandwich presses...

Hot afternoons on top
of the asphalt of the
CIAA (School of Engineers, Architects,
and Surveyors) basketball courts,
Teams with blue, red, green t-shirts,
Infinity of afternoons painted
by unforgettable paintbrushes,
Baldrich, that neighborhood
in Hato Rey,
Cement court,
Cylindrical,
Hours spent in the solitude
of movements,
A ball bouncing silently
in between drops of sweat,
Academic briefcase with notebooks,
pencils,
The leather smell with
minute shavings of erasers
dispersed in between
virgin pages without ink stains...

Corridors at El Monte Apartments,
Poppies, Madonna lilies,
Salesman vociferating astonishingly
each Saturday at that same
hour of the late afternoon...

Coconut flavored crushed ice
in a cup, raspberry, strawberry,
peanut, sugared water of
multiple colors,
Games with tops and string,
Schwinn bicycle,
Marine blue with a banana seat,
Light generated by a metallic
mechanism on a wheel,
Carob seeds placed with
a string in the ground of
that school,
Another game of two players
striking each other's *gallito* (seed),
Lost in the memories
of encapsulated haze in
small bodies of rain.

*(11/6/2015—On an airplane to Norfolk, Virginia
with Jan, Anne, Blake, and Adam)*

"El Pachuco"

Me identifico con mi
gente
de los dos lados de
la frontera,
Gracias le doy al Tratado
de Guadalupe de 1848,
Soy pachuco con lija
del labrador,
Llevo los *drapes* con
calcos blancos y negros,
Camisa encuadrada,
"Órale",
Le doy voz a mi gente,
Me levanto como el dios
de Aztlán,
Mi gente azteca vive
en mi sangre,
Soy el pachuco moderno
que estudia, ese y esa...

Soy nieto de Moctezuma,
Soy nieto de Washington,
Te acepto Norteamérica,
¿Tú me aceptas cuando me
pongo el *tacuche* y el *tando*?
Hablo el español,
A veces el *Spanglish*,
¿Por qué no?

"Órale",
No me juzgues porque no
te juzgo,
Mi gente te cosecha la
uva, la fresa,
¡Viva César Chávez!
Yo mantengo mi identidad
viva
con mi pluma y modo de ser,
"Órale para siempre mi raza".

(12/1/2015—Canyon Lake, Texas)

"The Pachuco"

I identify with my
people
on the two sides of the
border,
Thanks I give to the
Treaty of Guadalupe
of 1848,
I'm a *pachuco* with a
worker's shirt,
I wear draping pants
with
black and white shoes,
Plaid shirt,
"Alright,"
I give a voice to
my people,
I rise like the Aztlán god,
My Aztec people live with my blood,
I'm the modern *pachuco*
who studies, homeboy and homegirl…

I'm the grandson of Cabeza de Vaca,
the explorer and Spanish Conquistador,
I'm Moctezuma's grandson,
I'm Washington's grandson,
I accept you, North America,
Do you accept me when I put on
my fingertip coat and my hat?

I speak Spanish,
Sometimes Spanglish,
Why not?
"Alright,"
Don't judge me because
I don't judge you,
My people harvest the grape,
the strawberry,
Long live César Chávez!
I keep my identity alive
with my pen and way of
being,
"Alright forever my race."

(12/1/2015—San Antonio, Texas)

"Acentos"

El sol me saluda
clandestinamente entre
espacios de los ecos de pajaritos
cantando...

El silencio de esta hora
me tranquiliza
como el tiempo paralizándose
ahora...

Un año tempestuoso de acentos
marcados por la separación,
Un río de aguas enojadas
me consumía...

La respiración profunda
inspirada en el amor
constante de Jan
me salvó de mi miseria
agonizante...

Los días pasan como
molinos de vientos,
Los pensamientos me calman
a esta hora,
La libertad de pensar
sin apuros...

Días largos sin trabajo,
Momentos de desesperación
suavizados por
la meditación,
Parado momentáneamente
entre acentos diarios…

Vidrios multicolores de diciembre
en este comedor me acompañan,
La presencia del espíritu
me abraza como
las hojas rojizas y anaranjadas
abrazan la tierra de esta casa.

(12/14/2015—En nuestro comedor en San Antonio, Texas)

"Accents"

The sun greets me
clandestinely
in between the spaces
of echoes of birds
singing...

The silence of this hour
calms me like time
paralyzing itself now...

A tempestuous year of
marked accents by
separation,
A river of angry waters
consumed me...

The deep breathing inspired
in Jan's constant love
saved me from my agonizing
misery...

Days pass like windmills,
Thoughts calm me at this
hour,
The freedom of thinking without
anxiety...

Long days without work,
Moments of desperation
softened by meditation,
Stopped momentarily
in between the daily
accents...

December's multicolored glass
in this dining room
accompanies me,
The spirit's presence embraces
me like the red and orange
leaves embrace the earth
of this house.

(12/14/2015—In our dining room in San Antonio, Texas)

"Retrospectiva"

Invasión de colores navideñas
prevalece entre casas
coloniales
de Nueva Orleans,
Gente camina por calles
interconectadas por
la Catedral de St. Louis,
Clarividentes afuera
leen las palmas contando
el futuro,
Mendigos en las esquinas
con letreros de cartón,
Comidas suculentas de
pescado ennegrecido,
Salchicha en arroz sazonado,
Conversaciones superficiales
entre tragos de vino, agua
y cerveza,
La riqueza de un sincretismo,
La africana todavía afligida
por la pobreza,
Falta de oportunidades,
Su cultura adorada por
la música,
Esa raza cósmica entre anglos
de ascendencia europea
y su sangre africana...

Café du Monde con *beignets*,
Café con leche,
Esa leche uniéndonos en la
superficialidad,
La falta de diálogo,
Esa internalización humana entre
seres,
Vivimos para comer,
Comemos para vivir,
Estacionamos el coche para
caminar,
llegando a ese restaurante
escogido, a esa hora precisa,
Una vida determinada por la
rutina,
Otro desfile, otra parranda,
otra borrachera...

Parque de la ciudad
con arbustos de rosas,
Estatuas históricas,
Robert E. Lee,
General del Ejército Confederado
en favor de la esclavitud,
Familias enraizadas entre los
suyos,
Conversaciones de experiencias
del pasado,
Miembros de la familia,
Todos buscando ese propósito
espiritual,
¿Qué más hay?
El nacimiento,

La muerte que nos espera,
El sufrimiento que todos
sentimos,
Unidos en nuestra separación,
La subconsciencia nos une
con nuestros pensamientos,
El milagro de cada amanecer,
La garantía de cada atardecer,
Existimos para fortalecer
nuestra unión con Dios,
Lo contrario nos aflige,
Nos traiciona,
Nos separa de la humanidad,
de nosotros mismos,
La retrospectiva nos visita
otra vez.

(12/27/2015—Volando a Las Vegas, Nevada con Jan)

"Retrospective"

Invasion of Christmas
colors
predominates in between
colonial homes in New Orleans,
People walk down interconnected
streets by the St. Louis
Cathedral,
Clairvoyants outside read
palms predicting the future,
Beggars on corners with
cardboard signs,
Succulent blackened fish
dishes,
Sausage in seasoned rice,
Superficial conversations
in between sips of wine, water,
and beer,
The richness of a syncretism,
The African woman still
afflicted by poverty,
Lack of opportunities,
Her culture adored in music,
That cosmic race between
Anglos of European descent and
her African blood...

Café du Monde with beignets,
Coffee and milk,
That milk uniting us in
superficiality,
The lack of dialogue,

That internalization between
humans,
We live to eat,
We eat to live,
We park the car to walk,
arriving to that chosen establishment,
at that precise hour,
A life determined by
routine,
Another parade, another gathering,
another drunken state...

City Park with rose
bushes,
Historical statues,
Robert E. Lee,
General of the Confederate
Army in favor of
slavery,
Families engrained among
themselves,
Everyone looking for that
spiritual purpose,
What else is there?
Birth,
Death that awaits us,
The suffering we all feel
joined in our separation,
The subconsciousness joins us
with our thoughts,

The miracle of each dawn,
The guarantee of each evening,
We exist to fortify our
union with God,
The contrary afflicts us,
It betrays us,
It separates us from humanity,
from ourselves,
The *retrospective* visits us
again.

(12/27/2015—Flying to Las Vegas, Nevada with Jan)

"La Bandana Azul"

Reviéntate carnal que
vamos a tomar
el *ride*,
Aviéntate chalo que
vamos por ahí,
Vamos a la Westside
por la Commerce
con todas las "mami-chulas"
paseándose,
Abróchate el *seat belt*
para acelerar entre luces—
roja, verde, amarilla con
el tatuaje de mi ruca
en mi brazo, ese…

Allí está la barbería
de Don Cholo,
Da unos *haircuts*
bien radicales
con el *razor blade*
bien afilado, sharp,
subiendo las patillas
como los *zoot-suiters* en
los 1940 en Los Ángeles,
Soy cholo mexicano con
ganas de cantar,
de andar en el parque
con mi cholita, *beauty queen*,
con mis chavos de
bandana azul…

Quiero pintar grafiti en
el ferrocarril,
La cultura chicana,
Viva la Raza del Spanglish,
Camisas encuadradas,
Pantalones khakis grandes,
Zapatos Sketchers
negros como la noche.

(12/27/2015—Volando a Las Vegas, Nevada con Jan)

"The Blue Bandana"

Let's get after it
brother because we're
going to take *the ride*,
Get yourself pumped, dude,
We are going out
around there,
We're going to the Westside
by Commerce St.
with all the pretty babes
strolling around,
Fasten the seat belt
to accelerate in between
lights—red, green, yellow
with the tattoo of my
sweet thing on my arm, dude…

There's Don Cholo's barbershop,
He gives some radical haircuts
with the razor blade,
real sharp,
raising the sideburns
like the zoot-suiters
of the 1940s in Los Angeles,
I'm a Mexican homey
with an urge to sing,
to walk in the park with
my home girl, beauty queen,
with my blue bandana homeys…

I want to paint graffiti
on the train,
The Chicano culture,
Long live the Spanglish Race,
Plaid shirts,
Large khaki pants,
Sketcher shoes,
Dark as the night.

(12/27/2015—Flying to Los Vegas, Nevada with Jan)

"Viernes Indiferente"

Entre alumnos jóvenes
me encuentro,
Saturado por ritmos
adolescentes,
Afuera una pantalla grisácea,
Sonrisas escondidas detrás
de esa cortina cautivante,
Sin pensar en el futuro,
Me quedo en el presente…

Respiro mirando mi espejo
interior,
Ese lugar tranquilo donde
el agua descansa sin
agitación,
Siento el amor de Jan con
un espíritu ameno…

Busco la mancha,
Un cambio resurgente
entre cenizas del mar,
Peces marítimos como
momentos solemnes entre
intermedios
de respirar…

Encarcelado en una profesión
sin salida,
Días largos, indiferentes,
El amor reina entre espinas juveniles
sobre pétalos humedecidos
en el fondo de una selva
lejana…

Gotas cálidas se acumulan
en la manta del cielo,
Palabras de crucigrama
estallan en ondulaciones
inciertas,
Navegan la indiferencia.

(4/15/2016—Dando clases de francés en Seguin, Texas)

"Indifferent Friday"

Among young students
I find myself,
Saturated by adolescent
rhythms,
Outside a gray screen,
Hidden smiles behind
that captivating curtain,
Without thinking about
the future,
I remain in the present...

I breathe looking into
my interior mirror,
That peaceful place
where water rests soothingly,
I feel Jan's love
with a pleasant spirit,
I look for the way,
A resurgent change
in between the ashes
of the sea,
Marine fish like solemn
moments in between
intervals of breaths...

Enslaved in a profession
without an exit,
Long days, indifferent,
Love reigns in between
young thorns
on humid petals in
the depths of a
faraway jungle…

Warm drops accumulate
in the bedspread of
the sky,
Words of a crossword puzzle
burst into uncertain
undulations,
They navigate the indifference.

(4/15/2016—Teaching French classes in Seguin, Texas)

"Cada Paso"

Gotas de lluvia anticipan
cada paso,
El tiempo camina despacio
entre sollozos
tiernos, amorosos...

Ambulo entre corredores
de la conciencia,
Cada pensamiento me avienta
en la profundidad
del pasear como un velero errante
en océano misterioso...

Como andantes meditabundos
caminando entre prados delineados por
flores silvestres en abundancia
a orillas de la vereda...

Perdido entre el bosque denso,
Juego de luces cae como hojas
entre árboles solitarios,
Imágenes desconocidos
por ojos ausentes...

Sonidos dispersos entre los
pasos diversos del bosque,
Insectos giran en ondulaciones
asimétricas,
Agua de la lluvia se desliza
sobre hojas esparcidas,
disparejas e irregulares...

Cada paso me conmueve
entre las experiencias inesperadas,
El descanso del sol al fin
de cada noche,
La luna que se hincha cada mes.

(4/29/2016—Dando clases de francés en Seguin, Texas)

"Each Step"

Raindrops anticipate each
step,
Time walks slowly
in between tender,
loving sobs…

I walk in between halls
of consciousness,
Each thought throws me
into the depth of
ambulating like a wandering
sailboat in a
mysterious ocean…

Like pensive walkers
meandering in between meadows
outlined by wildflowers
in abundance at
the shores of the path…

Lost in between the dense forest,
Play of light falls like
leaves in between
solitary trees,
Images unknown by absent eyes…

Dispersed sounds in between
diverse steps of the forest,
Insects spin in asymmetrical
undulations,
Rain water slides on
scattered leaves,
uneven and irregular…

Each step moves me
in between the unexpected
experiences,
The restful sun at the
end of each night,
The moon that swells up
each month.

(4/29/2016—Teaching French classes in Seguin, Texas)

"Viernes Escolar"

La aurora de un fin
de semana nos espera,
Reflejos de luz abanican
ojos de conductores,
Espejos del rocío saturan la
hierba nueva y las pocas
flores silvestres que quedan,
Lomitas continuas circulan
como ruedas sobre pavimento...

Palabras evanescen
en la neblina matinal,
El silencio me consuela
a esta hora indefinida,
Abro la puerta de mi subsconciencia
para escuchar
esa voz tierna, compasiva, omnipresente,
calmante...

Me pregunto y busco esa razón
de nuestro existir,
Encuentro la llorona invisible
al pasar el arroyo,
Misterios del pasado llegan
a la superficie
para dialogar...

Recuerdos de un enamorado
la inspira,
Comunica su regocijo
en voz alta,
Un llanto perpetuo
de melodías en forma de llantos
ensancha su espíritu.

(5/6/2016—Dando clases de francés en Seguin, Texas)

"Friday at School"

The dawn of a weekend
awaits us,
Reflection of light fans
the drivers' eyes,
Mirrors of dew saturate
the new grass and the few
wildflowers left,
Continuous hills circulate
like wheels on pavement…

Words disappear in the nebulous
morning,
Silence consoles me at
this indefinite hour,
I open the door of my subconscious
to hear that tender voice,
compassionate, omnipresent, calming…

I ask myself and look for
that reason of our existence,
I find the invisible crying woman
passing by the stream,
Mysteries of the past
arrive to the surface
to dialogue…

Memories of a loved one
inspires her,
She communicates her joy
in a loud voice,
A perpetual crying
of melodies in the form of
lamentations widens
her spirit.

(5/6/2016—Teaching French classes in Seguin, Texas)

"El Álamo"

It's *viernes*,
Friday *with* mi Impala at the
lavado de coches,
Puttin' the ultimate brillo
on *mis* silver rims,
arcos de plata…

I drive to *calle*
Zarzamora,
for my *tatuaje,*
mi tattoo,
La cruz de la Virgen de
Guadalupe,
Mi chula waiting with her *pantalones*
Dickies, bien chidos, *por la* Walmart…

Órale, órale mi baby
muñeca,
Vamos en mi "ride",
to the *Álamo,*
Vamos al Taco Bell,
On the way, *esa,*
Quiero *un burrito* with *queso y frijoles,*
My *carnales* are cruisin'
down *por la Catedral de San Fernando,*
Mi bautismo there when
I was solo a *chavalito…*

Mi abuelita toda bonita
dressed to the ninth,
Mi abuelito with a *blanca*
guayabera stitched real
nice, *bien fino,*
Rezando en el banco,
Heads bowed,
Bendito Dios, gracias,
Gracias por el día,
After *la misa,* we walk along *el río,*
It circulates, *circula*
de un lado a otro,
El Álamo permanece eternal.

(5/6/2016—Dando clases de francés en Seguin, Texas)

"The Alamo"

It's Friday,
Friday with my Impala
at the car wash,
Puttin' the ultimate shine
on my silver rims,
silver arches…

I drive to Zarzamora Street
for my tattoo,
The cross of the Virgin of Guadalupe,
My cute homegirl waiting
by Walmart with
her Dickies, real cool pants…

Alright, alright
my baby doll,
Let's go in my "ride,"
to the Alamo,
Let's go to Taco Bell,
On the way, homegirl,
I want one burrito with
cheese and beans,
My home boys are cruisin',
down by the San Fernando Cathedral,
My baptism there when I
was only a kid…

My little grandmother, all pretty,
dressed to the ninth,
My little grandfather with his
white *guayabera* real nice,
real fine,
Praying on the bench,
Heads bowed,
Blessed God, Thank you,
Thank you for the day,
After mass,
We walk along the river,
It circulates, circulating
from one side to another,
The Alamo remains *eternal.*

(5/6/2016—Teaching French classes in Seguin, Texas)

"Irlanda"

Capital, Dublín,
Calles concéntricas giran
entre puentes cruzando el
río negro,
Luces opacas dejan sus
huellas sobre sonidos huecos
del acordeón,
Lamentaciones internacionales
se pasan inconcebibles
de día a noche,
Plato de salmón adorna
la mesa,
Sopa de verduras salpica
el paladar
entre bocados de quiche,
Resonaciones de aleluyas
llenan los corredores
de este café irlandés,
La máquina de expreso reacciona
perturbando entre
tazas de café,
Bailan los sonidos y aromas
de pasteles,
Decorado por piso de
madera y adoquines
de color crema,
Senderos a la orilla del
Atlántico,

Vistas silvestres de gaviotas
suspendidas en el aire
por colores azules,
blancos, grises,
Flor amarilla de hierba
mala abunda entre
corderos blancos
descansando en prados
verdes,
Vacas blancas y negras se
acorralan pacíficamente
en el panorama.

(5/27/2016—Irlanda con Jan)

"Ireland"

Capital, Dublin,
Concentric streets spiral
in between bridges
crossing the black river,
Opaque lights leave
their print on the
hollow sounds of the
accordion,
International lamentations
pass by inconceivable
from day to night,
Salmon plate decorates
the table,
Vegetable soup peppers
the palate in between
bites of quiche,
Resounding alleluias
fill the corridors
of this Irish café,
The espresso machine
reacts,
perturbation
in between cups of coffee,
The sounds and
pastry aromas dance,
Decorated by a wooden
tiled and cream floor,

Paths at the Atlantic
shoreline,
Wild vistas of seagulls suspended
in the air by blue, white, gray,
Yellow weed like flower
abounds in between
white sheep resting
in green meadows,
White and black cows
corral themselves peacefully
in the panorama.

(5/27/2016—Ireland with Jan)

"Senderos"

Castillo medieval
sometido al parque nacional,
Tulipanes amarillos comienzan
a abrirse
en la selva de hojas…

Un aire fresco
estimula sensaciones
tranquilas de inhalaciones
naturales de reflexión…

Caminando entre troncos de diámetros
gruesos, revolcados,
Agua negra sin reflejos
convive con este bosque
verdoso y frondoso bordeado
por florecillas amarillas,
blancas y violetas claras…

Corro por pavimento ablandado
por hojas, tierra y
arena del cielo…

Gente camina abrazada el uno al otro,
Parejas con chaquetas,
cámaras y sonrisas…

Llego a la calle de asfalto,
Mis pies como manos
tocando un tambor creando
un ruido rítmico
con cada kilómetro que atravieso,
Ejes de bicicletas circundan
en revoluciones
sistemáticas, organizadas
por la ley de gravedad,
Lo que sube baja,
El subibaja nos mantiene
balanceados en senderos naturales
conformándose a pies caprichosos
que nos trasladan.

(5/28/2016—Café Killarney, Irlanda con Jan)

"Paths"

Medieval castle summited
to the national park,
Yellow tulips begin
to open up
in between the jungle of
leaves...

A fresh air stimulates
calm sensations
of natural inhalations
of reflection...

Walking in between trunks of
thick diameter, knocked down,
Black water without
reflections live together
in this verdurous and lush forest
bordered by yellow,
white, and light violet flowers...

I run along pavement
softened by leaves,
soil, and sand from the sky...

People walk embracing
one another,
Couples with jackets,
cameras, and smiles...

I arrive to the asphalt road,
My feet like hands play
a drum creating a rhythmic noise
upon traversing one kilometer
after another,
Bicycle axles circulate
in systematic, organized revolutions
by the law of gravity,
What goes up goes down,
The seesaw keeps us balanced
in natural paths conforming
to whimsical feet moving us.

(5/28/2016—Café Killarney, Ireland with Jan)

"Café en Dingle"

Café adoquinado de símbolos
célticos decoran mesas
simples con bancos de
madera,
Curvas con flor en
cada esquina,
Afuera el sol reina sobre
mesitas azules de diseños
metálicos, geométricos...

Tazas de cerámica,
azul, crema, parda,
contrastan con una pared
roja, techo de tablas
de madera cruzan horizontalmente,
Música céltica ambula
invisiblemente en el aire,
Cortinas de lunares blancos
se balancean frente a envases
de flores rosas, rojas y blancas...

Vistas atlánticas de la playa Inch,
Gente refrescando sus pies
en el agua mansa,
Chicos bañándose con
sus tablas flotantes,
Soleándose algunos con
rayos penetrantes,

Estantes con vasos de cerámica
alineados en filas perfectas,
Almohadas sobre bancos
suavizan la dureza de
la madera,
Choque de tazas creando una
sinfonía de sonidos,
El rugir de hojas manipuladas
por el viento,
Pajaritos juegan entre
colores imperceptibles
de la tarde.

(5/29/2016—Dingle, Irlanda con Jan)

"Café in Dingle"

Cobbled café of Celtic
symbols decorate simple
tables with wooden benches,
Curves with flowers in
each corner,
Outside the sun reigns
over small blue tables
of metallic, geometrical designs…

Ceramic cups,
blue, cream, brown,
contrast with a red wall,
Roof made of wooden
boards cross horizontally,
Celtic music ambulates
invisibly in the air,
White polka-dotted curtains
balance themselves
in front of vases of
red, white roses…

Atlantic views at Inch Beach,
People refreshing their
feet in the calm water,
Kids swimming with
their floating boards,
Some sunbathing with
penetrating rays,

Bookshelves with ceramic
cups aligned in perfect
lines,
Pillows on benches
soften the hardness
of the wood,
Crashing cups create
a symphony of sounds,
Roaring leaves in the
wind,
Small birds play
in between invisible colors
of the afternoon.

(5/29/2016—Dingle, Ireland with Jan)

"Café Expreso"

Otro día soleado en Dingle,
Pueblo turístico
con gente ambulando,
Mar frío calienta la arena,
Paseo en bicicleta con Jan,
Vistas panorámicas
del Atlántico salvaje,
Rocas grandes, ovejas descansan
en prados herbosos,
Sándwich de cangrejo
en restaurante,
Joven irlandés de mesero,
De pelo rojizo-rubio
con cejas rojas,
Contrastan con piel blanca,
País de bellezas naturales,
Vistas contempladas con ojos,
cámaras,
Plumas sobre papel,
Delfines juegan en el mar
al costado del barco
de carga,
Cena de mariscos con linguine
italiano…

Tarjetas postales cuadradas
mantenidas en cuadro,
Historia de cien años,
El pasado se intercala con el
presente,
Pueblos decorados con
puertas multicolores,
Arcoíris de colores
plasmados en calles estrechas,
Adornadas con iglesias de piedra,
Sol, arena, montaña,
Cristal de vitrinas
refleja personas pasando
de un lugar a otro,
Café expreso calienta
el alma.

(5/31/2016—Kilrush, Irlanda con Jan)

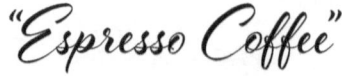

"Espresso Coffee"

Another sunny day in
Dingle,
Tourist town with
ambulating people,
Cold sea heats the sand,
I ride a bicycle with Jan,
Panoramic Atlantic views,
Large rocks, sheep rest
in grassy meadows,
Crab sandwich in restaurant,
Young Irish waiter with
reddish-blond hair
with red eyebrows contrast
with his white skin,
Country of natural beauties,
Views contemplated with
eyes, cameras, pens
on paper,
Dolphins play in the sea
on the side of the
cargo ship,
Seafood with Italian linguine…

Square postcards maintained
in a frame,
History of one hundred years,
The past merged
with the present,
Towns decorated with
multicolored doors,
Rainbow of colors
captured in the adorned
narrow streets with
churches made of stone,
Sun, sand, mountain,
Crystal from glass cases
reflects people passing
from one place to another,
Espresso coffee warms
the soul.

(5/31/2016—Kilrush, Ireland with Jan)

"El Río de Galway"

Crujir de piedras debajo de pies,
Mujeres remando en el río,
Agua verde, tranquila,
cosquilla la orilla,
Colina sube entre casitas
irlandeses,
Flores multicolores respiran
y brillan en un sol suave,
Castillo vestido de
vegetación verde decora la
mañana serena,
Gotitas de agua caen
suavemente
refrescando campos fértiles
repletos de ovejas...

Ayer rezando en la catedral,
Caminamos a través
de la ciudad,
Gente cementada en
bancos del río,
Recibiendo el sol sobre
sus cuerpos,
Bebiendo cerveza, hablando,
socializando,
Patos verdes, negros, pardos
observan el movimiento
de la gente,

Una joven sentada sola
escucha música,
Contempla el atardecer...

Memorias se hacen
en Irlanda
en las encrucijadas y arcos
de Galway.

(6/6/2016—Un pueblito entre Galway y Dublín con Jan)

"Galway River"

Creaking rocks under
feet,
Women rowing in the
river,
Green water, calm,
tickles the shore,
Hill climbs in between
Irish homes,
Multicolored flowers breathe
and shine in the soft
sun,
Castle dressed in green
vegetation decorates
the serene morning,
Waterdrops fall softly
refreshing green fields
replete with sheep…

Yesterday praying in the
cathedral,
We walked through the city,
People cemented on
river benches,
Receiving sun on their
bodies,
Drinking beer,
speaking, socializing,

Green, black, and brown
ducks observe
the movement of the people,
A young lady sitting
alone listens to music,
Contemplates the dusk…

Memories are made in
Ireland
in the intersections
and arches of Galway.

*(6/6/2016—A small town in between
Galway and Dublin with Jan)*

"Cambios Inesperados"

Suave brisa sostiene
este momento repleto con la sinfonía
de pajaritos,
Mesa de patio de hierro forjado
formada de diamantes adoquinados
decora esta hora,
Luz blanda se despeja en un cielo
rayado por nubes de polvo
blanco,
La posibilidad de trabajo me anima,
Me sorprende en la tiniebla
de tantos meses
de ansiedad,
¿Será la verdad?
Eco de cantares me despierta a esta
hora,
Siento la paz interior de Dios,
Debajo de la sombra placentera de
este árbol contemplo el
paso del tiempo,
Saboreo mi café contemplando
esta hora solitaria
en mi biblioteca natural,
Los libros de sonidos,
La verdura de arbustos,
El sol alzándose clandestinamente,
El amor humano sobrepasa este
instante…

Descanso en las manos de Dios,
Sé que existe entre los dulces
soplos de la brisa
moviéndose entre las ramas
de este momento único.

(7/29/2016—En mi casa en Canyon Lake, Texas)

"Unexpected Changes"

Soft breeze sustains this
replete moment with
the symphony of birds,
Wrought iron patio table formed
by diamond shaped cobblestones
decorates this hour,
Soft light clears itself
in a sky streaked
by white powdered clouds,
I'm motivated by
the possibility of work,
It surprises me in the
darkness of so many
months of anxiety,
Could it be the truth?
The echo of songs awakens
me at this hour,
I feel God's interior
peace,
Under the pleasing shade
of this tree I contemplate
the passing of time,
I savor my coffee
contemplating this solitary
hour in my natural library,
The books of sounds,
The greenness of trees,
The sun rising clandestinely,
Human love surpasses
this moment…

I rest in God's hands,
I know He exists in between
the sweet breaths
of the breeze moving
in between the branches
of this unique
moment.

(7/29/2016—At my home in Canyon Lake, Texas)

"El Comedor Amarillo"

Contemplo el gozo
de Pablo del evangelio,
Su confianza completa
en Jesucristo,
Adentro lo llevamos
en cada instante...

Nos acompaña como
la soledad de esta
habitación,
La planta permanece inmóvil,
pero convive conmigo,
Los recuerdos y memorias
de Jan
en este lugar,
conversaciones alegres,
difíciles...

Ventanas decoradas con
manchas
moradas, verdes, amarillas
coordinan
con las impresiones creadas
del césped verde
con arbustos robustos
creciendo espontáneamente...

En esta hora temprana medito,
Encuentro el gozo de la
fuente espiritual,
El fluir nos confunde
con noticias malévolas
del periódico en la mesa...

Un mundo agonizante,
Reflejo interior de nuestro
dolor,
Solo la anestesia de nuestro
respiro profundo,
de nuestro manantial divino
nos asegura y libera.

(8/1/2016—San Antonio, Texas)

"The Yellow Dining Room"

I contemplate the joy
of Paul from the Gospel,
His complete confidence
in Jesus Christ,
Inside we carry Him
in each moment…

He accompanies us like
the solitude of this
room,
The plant remains motionless
but coexists with
me,
Memories and thoughts
of Jan
in this place,
joyful, difficult conversations…

Decorated windows with
purple, green, yellow stains
coordinate
with the impressions created
by the green grass
with robust bushes
growing spontaneously…

I meditate at this early hour,
I find the joy of
the spiritual fountain,
The flow confuses us
with malevolent news
from the newspaper
on the table…

An agonizing world,
An interior reflection
of our pain,
Only the anesthesia
of our deep breath,
of our divine spring
assures and liberates us.

(8/1/2016—San Antonio, Texas)

"Primer Día"

A esta hora matutina resuenan
mis pasos sobre el asfalto
negro,
La luz lunar ilumina
el camino,
Momentos de anticipación
antes de la luz
de otro día,
Llego a la oficina
con otros empleados nuevos,
Charlamos en la oficina de
orientación,
Un trabajo nuevo,
Gracias a Dios,
Perdido en una nube
de ideas simétricas
buscando una estructura
poética
donde nace la metáfora
en su semilla...

Dentro de su llaga
encuentro ese instante,
El tiempo se para
sin moverse
como la mano de un reloj,
Notamos ese fluir
en el sendero donde
la sombra toca la acera
con sus ramas...

Se pasan los unos y los otros
a pie,
trotando y en bicicleta,
Los aros giran como
gotas de lluvia
cayendo sobre el corazón
que siente y se conmueve,
Observando los días,
las horas, esos
dibujos que impregnan
la cámara de nuestra conciencia.

(8/29/2016—Career Point College, San Antonio)

"First Day"

My resounding steps
at that morning hour
upon black asphalt,
The moonlight illuminates
the path,
Moments of anticipation
before the light of
another day,
I arrive to the office
with other new employees,
We chat in the orientation
office,
A new job, thank God,
Lost in a cloud of
symmetrical ideas looking
for a poetic structure
where the metaphor is
born in its seed…

Within her wound
I find that moment,
Time stops without
moving like the hand
of a clock,
We notice that flow
in the pathway where
the shade touches
the sidewalk with her
branches…

Some pass each another
by foot,
jogging, or by bicycle,
The rims revolve like
raindrops falling on the
heart that feels and
is moved,
Observing the days, hours,
those drawings that impregnate
our consciousness's camera.

(8/29/2016—Career Point College, San Antonio)

"La Simplificación"

Olas invisibles
llegan clandestinamente,
El otoño disfrazado
por temperaturas menos
cálidas,
El seseo de hojas,
Luz filtrada por nubes desfiguradas,
Colores oscuras, semitransparentes,
desnudas en el cielo...

Papel y pluma sobre
imágenes líricos
del pensamiento,
Simplificación de vocales,
consonantes,
el tallo del rosal respira
su aroma...

Combinación de letras
descienden
sobre escalones de una escalera
recostada sobre un árbol
en medio del prado...

Vadeo por el río
de corazones donde
las huertas siembran
plantas orgánicas de humanidad...

El subir y bajar
de la estrella dorada
nos saluda cada madrugada
en laberintos palúdicos del alma...

En ese lugar donde residen
semillas párvulas
de elementos bellos
donde los relinchos
de alegría resuenan
en el eco de una voz
resurgente.

(9/14/2016—Career Point College, San Antonio)

"Simplification"

Invisible waves arrive
clandestinely,
Fall disguised by
cooler temperatures,
The whistling of leaves,
Filtered light by
disfigured clouds,
Dark colors, semitransparent,
undressed in the sky…

Paper and pen on
lyrical images of thought,
Simplification of vowels,
consonants,
The stem of the rose
bush breathes
its aroma…

Combinations of letters
descend on steps
of a staircase leaning
on a tree in the middle
of the meadow…

I cross the river of
hearts where the
orchards sow
organic plants of humanity…

The rise and fall
of the golden star
greets us each dawn
in marshy labyrinths of the soul…

In that place where
naive seeds of beautiful
elements reside,
Where the neighs of
joy resound in the
echo of a resurgent
voice.

(9/14/2016—Career Point College, San Antonio)

"Palomas de papel"

Abundancia de hojas
repartidas
por la terraza,
Sonidos paralizados en
el silencio,
Sinfonía de colores
verdes, amarillos, pardos
llena el panorama,
Esta tinta y papel
sirven de escape
para adelantarse
en el bosque de palomas…

Sílabas y consonantes
rayan el papel
con mensajes melódicos,
Sus vocales giran
a la tierra,
luego al cielo como
palomas de papel,
Esa batalla entre el ego
y el espíritu,
Lucha por entrar en el eje
de la tranquilidad,
Canciones vienen y disuelven
en la espuma del mar,
Lloriqueo humano
se difunde destilándose
en diluvios de vinagre…

Siento el pulso del existir
en la evocación silenciosa
de un pájaro solitario,
en la humildad de este vivir,
Conozco el vaivén
oscilándose entre lo perceptible
y lo imperceptible,
Busco lo verdadero en la
inconstancia de esta vida
sostenida por la fe.

(10/24/2016—San Antonio, Texas)

"Paper Doves"

Abundance of leaves spread
on the terrace,
Sounds paralyzed in the
silence,
Symphony of green,
yellow, brown colors
fills the panorama,
This ink and paper
serve as an escape
for me to enter the forest
of words...

Syllables and consonants
scratch the paper
with melodic messages,
Their vowels revolve
to the earth,
then to the sky
like paper doves,
That battle between
the ego and spirit,
Struggle to enter the
axis of tranquility,
Songs come and dissolve
in the foam of the
sea,
Human whimpering
disappears distilling itself
in floods of vinegar...

I feel the pulse of
existence in a solitary bird's
silent evocation,
in the humility of this
life,
I know the coming and going
oscillating between the
perceptible and imperceptible,
I look for what's real
in the unreliability of
this life sustained by faith.

(10/24/2016—San Antonio, Texas)

"La Ópera"

En el restaurante Bourbon Street,
me siento paralelo al río
con Jan, mi esposa tierna
y querida...

Mi corazón pulsa en
el atardecer,
Comemos unos platos deliciosos
de mariscos frescos,
Caminamos lentamente por la orilla
del río al Tobin Center...

Los patos descansan en
la sombra del anochecer
que llega,
Huellas del taxi del río
dejan sus marcas en
el agua,
Nuestras figuras reflejadas
en el verde oscuro
de su superficie,
Luces de lámparas salpican
en las matas, plantas y florecillas
del sendero,
Jan en su vestido rojo
se mece en el espectáculo
orquestado por Dios...

Las voces poderosas
de Carmen invaden el espacio
del auditorio
compartido con Curtis y Carolina,
dos amigos nuevos...

Pongo mi brazo alrededor
de Jan,
La beso en la cabeza,
Toco su cabello rubio
que descansa libremente,
Las voces llenan el espíritu
de esa hora divina,
mágica,
Momentos vienen y se esfuman
en esta existencia limitada...

El amor entre una gitana
bella y un soldado,
Un torero interviene
entre ellos,
La tormenta del corazón
nos azota a todos,
Vivimos en ese molino de viento
metafísico creado por el amor...

Encadenado por el miedo,
El amor nos libera,
Me libera a mí de las obsesiones,
compulsiones de la duda,

Por esto, agradecido estoy,
por Jan que me acepta
y ama con mis imperfecciones,
Así nos quiere Dios...

Me entrego a ti, Dios,
porque solo no puedo,
Limitado me encuentro
con mis esfuerzos incapaces
de controlar mi destino...

De regreso al carro
a la despedida de nuestros amigos,
Sé que nos acompañas por
el río,
Agradecido estoy por mi esposa
querida,
La metáfora más bella,
la más humana, que se entrega
a mí y a la vida
sin restricciones,
Su canto perdura siempre.

(11/1/2016—En la ópera con Jan en San Antonio, Texas)

"The Opera"

At the Bourbon Street
Restaurant,
I sit parallel to the river
with Jan,
my dear and tender
wife...

My heart pulsates
at dusk,
We eat some fresh and
delicious seafood plates,
We walk slowly by the
shore of the river
to the Tobin Center...

Ducks rest in
the shade of the arriving
nightfall,
Footprints of the river's
taxi leave their marks
on the water,
Our figures reflected in
the dark green of the
surface,
Lights from the lamps
spray the path's bushes,
plants, and small flowers,
Jan in her red dress
sways in the spectacle
orchestrated by God...

The powerful voices of
Carmen invade the
space of the auditorium
shared with Curtis and Carolina,
two new friends…

I place my arm around
Jan,
I kiss her on her head,
I touch her blonde hair
resting freely,
The voices fill the spirit
of that divine hour,
magical,
Moments come and disappear
in this limited existence…

The love between a beautiful
gypsy and a soldier,
A bullfighter interferes
between them,
The heart's torment
affects us all,
We live in that metaphysical
windmill created by
love…

Chained by fear,
Love frees us,
It frees me from the
obsessions, compulsions
of doubt,

For this, I am grateful,
for Jan who accepts and
loves me with my imperfections,
God loves us this way…

I give myself to you, Lord,
because alone I cannot,
Limited I find myself
with my efforts incapable
of controlling my destiny…

Upon returning to the car after
saying goodbye to our friends,
I know You accompany us
along the river,
I am grateful for my
dear wife,
The most beautiful metaphor,
the most human,
who gives herself to me and
to life without restrictions,
Her song always lasts.

(11/1/2016—At the opera with Jan in San Antonio, Texas)

"Frustrado"

Sin trabajar me encuentro,
Paso las horas sin saber
que hacer,
Escribo un poco,
Hago mis ejercicios,
Como,
Leo la Biblia,
Confío en Dios
aunque me preocupo...

Los demás vienen y se van,
Irán al trabajo,
a la escuela,
¿Qué harán?
¿Qué haré?
Los minutos se convierten
en horas,
Los días en meses,
Los meses en un año
ya...

Las hojas caen, se acumulan
en el patio,
La lluvia cae ignorando
mi plegaria,
La luna cambia de perfil,
El viento menea las ramas,
Dios me susurra
en el silencio...

Mi ansiedad se expresa
en mis compulsiones,
Cuando llego a mi segunda
casa,
Apago el horno, lo reviso,
Apago la cafetera, la miro,
Cierro y tranco la puerta,
La reviso y confirmo...

¿Dónde estás, Dios, en mi frustración?
Sé que estás conmigo,
Estás con todos,
Te busco, te anhelo,
te necesito...

El otoño aparece en la
oscuridad de la tarde,
Se expresa mi duda en
la pista ovalada esta mañana,
Siempre me recuerda de mi
pasado-presente,
El esfuerzo se repite,
Vuelta tras vuelta,
Mi piel respira la crema
de sol que llevo,
Otra rutina compulsiva,
Me la pongo en la cara,
nariz, orejas, cabeza,
piernas, brazos, cuello...

Frustrado miro la flor
intensamente violeta, morada,
de la buganvilla

que penetra el alma,
El miedo me confunde,
Me arrastra a veces,
El dolor emocional de estar
desempleado,
de la falta de pasión
por el trabajo...

Converso con mi esposa, Jan,
Mujer espumosa se levanta
cada día con esa sonrisa alegre, llena,
contagiosa que fluye entre
las páginas mágicas de nuestras
vidas...

La monotonía de levantar pesas,
correr, nadar, montar en bicicleta
se repite,
día tras día,
La monotonía se repite
en la madrugada,
después de levantarme,
Siento el peso de la frustración,
Rayos tímidos del sol
se asoman por las persianas
de madera de la casa,
Busco la paz, la tranquilidad
en esta temporada de frustración.

(11/8/2016—En la casa en San Antonio, Texas)

"Frustrated"

I find myself without work,
I spend hours not knowing
what to do,
I write some,
I exercise,
I eat,
I read the Bible,
I trust God
even though I worry…

Others come and go,
They will go to work,
to school,
What will they do?
What will I do?
Minutes turn into hours,
Hours into days,
Days into months,
Months into a year already…

Leaves fall,
They accumulate in the
yard,
Rain falls ignoring my prayer,
The moon changes its
silhouette,
The wind rustles the
branches,
God whispers to me in the
silence…

My anxiety expresses itself
in my compulsions,
When I arrive to my
second house,
I turn off the stove,
I check it,
I turn off the
coffeemaker,
I look at it,
I close and lock the door,
I check it and confirm…
Where are you, God, in my
frustration?
I know you are with me,
You are with everyone,
I search for you,
I long for you,
I need you…

The fall appears
in the darkness of the
afternoon,
My doubt expresses itself
on the oval track
this morning,
It always reminds me of my
past-present,
The effort repeats itself,
Lap after lap,
My skin breathes the
sunscreen I have on,

Another compulsive routine,
I put the cream on my
face, nose, ears, head,
legs, arms, neck...

Frustrated I look at the
flower of the bougainvillea
intensely violet,
purple,
that penetrates the soul,
The world confuses me,
It drags me sometimes,
The emotional pain of
being unemployed,
The lack of passion
for work...

I converse with my wife, Jan,
Spumous woman gets
up every day with that
joyful smile, full,
contagious that flows
in between the magical pages
of our lives...

The monotony of lifting weights,
running, swimming, riding a bicycle
repeats itself,
day after day,
The monotony repeats itself
in the morning,
after getting up,

I feel the weight of frustration,
The timid rays of sun
appear through the wooden
shutters of the house,
I look for peace, calmness
in this season of frustration.

(11/8/2016—At home in San Antonio, Texas)

"Las Almendras"

Las almendras descansan
sobre los tallos
de ramas,
La paz las abraza en
el silencio de una
noche oscura,
A todos los hombres les
encanta su sabor
delicioso en esta
temporada…

Las almendras en ramas
tranquilas brindan consuelo
en los susurros silenciosos
de la temporada,
Saboreen su delicia deleitable
en las vísperas
de corazones alegres.

(12/12/2016—San Antonio, Texas)

"Almonds"

Almonds rest on stems
of branches,
Peace embraces them
in the silence of a dark
night,
All men enjoy their
savory taste
at this time...

Almonds on restful branches
bring comfort
in the silent whispers
of the season,
Savor their tasteful delight
in the vespers of a
joyful heart.

(12/12/2016—San Antonio, Texas)

"Temporadas"

Las luces de diciembre deslizan
por las ventanas creando
imágenes dispersas
en el comedor,
La frescura mantiene las
hojas sostenidas
en los árboles,
Nuestro gato se limpia
en la comodidad
de una silla,
El timbre del silencio
interrumpe el fluir
del momento,
El tronco grueso del
árbol de nueces ocupa
el espacio visual de una ventana…

Temporadas llegan clandestinamente
en el parpadear
del corazón humano,
La presencia divina se observa
en el pedestal del baño
de pájaros,
Los techos se sumergen
en este panorama
ecléctico de la naturaleza
emboscada por madera
de la cerca,

La humedad de la tierra
enriquece las raíces
de esta página dándoles
vida a estas ideas diseminadas
en el jardín de semillas...

El paseo del tiempo
se estanca en el río invisible
de hoy,
Respiro el presente marcado
por la tinta escarbada
en esta línea azul
representada aquí.

(12/12/2016—En nuestra casa en San Antonio, Texas)

"Seasons"

December lights slide through
windows creating disperse
images in the kitchen,
The freshness keeps the leaves
sustained in the trees,
Our cat cleans herself
in the comfort of a
chair,
The silent bell interrupts
the flow of the moment,
The thick trunk of the
almond tree occupies
the visual space of a window...

Seasons arrive clandestinely
in the flicker
of the human heart,
One observes the divine
presence in the birdbath,
The roofs immerse themselves
in this eclectic panorama of
nature ambushed by
the wooden fence,
The humidity of the earth
enriches the roots of this
page giving life to
these disseminated ideas
in the garden of seeds...

The passing of time
stagnates in today's invisible
river,
I breathe the present marked
by the ink dug
into this blue line
represented here.

(12/12/2016—At our home in San Antonio, Texas)

"Jan"

Eres el pulso de mi
amanecer,
Eres la estrella de mi
corazón,
Nunca he conocido un
amor como el tuyo,
Eres un ángel divino
de Dios
como tu madre,
Mil gracias,
Mi amor.

(12/25/2016—En nuestra casa en San Antonio, Texas)

"Jan"

You are the pulse of
my dawn,
You are the star of
my heart,
I have never known
a love like yours,
You are a divine angel
of God
like your mother,
A thousand thanks,
My love.

(9/20/2017—At our home in San Antonio, Texas)

"Nueva Orleans"

La neblina se levanta
clandestinamente del
Misisipi,
Ruedas de bicicleta deslizan
sobre el asfalto,
Neblina se mezcla con
luces de lámparas callejeras
magnificando una luz
tibia entre nubes
grisáceas abrazando las
calles desoladas...

Paseamos por el Café du Monde,
cerrado una vez por año,
La Catedral de Saint Louis repleta
de gentío celebrando el
nacimiento de Jesucristo,
Nos encontramos con dos
amigos de San Antonio,
Hablamos, abrazamos, celebramos,
La música de Bourbon Street
vacila entre sombras
de otra hora efímera,
Naves y botes de vapor
se paran paralizados en la
pintura del día...

Otra Navidad aquí con la familia
de Jan,
Conversaciones simples, chistes, risas,
Platos de jamón, guajolote,
puré de camote, multitud de dulces
y galletas…

El sol se esconde detrás
de la faz de una pantalla
gris,
Edificios abandonados
con arte de grafiti,
Senderos pasan por calles
amontonadas con casas,
árboles de olmos
majestuosos,
Ramas estiradas alcanzando
la luna,
Esa luz blanca que se balancea
con hilos celestiales,
desechados en el asfalto,
Hierro de ferrocarriles,
Vamos de una encrucijada
a otra—Jan, Don y yo…

Disfrutamos de la ciudad
que descansa paralelo
al gran río que nos mira
desde su orilla.

(12/27/2016—Nueva Orleans, Luisiana con Jan)

"New Orleans"

The fog lifts itself
clandestinely
from the Mississippi,
Bicycle wheels slide
on the asphalt,
Fog mixes with the
light from streetlamps
magnifying a warm light
in between gray clouds
hugging desolate streets...

We pass by Café du Monde,
closed once a year,
The Saint Louis Cathedral
replete with people celebrating
the birth of Jesus Christ,
We run into two friends
from San Antonio,
We talk, we hug, we celebrate,
The music from Bourbon Street
vacillates in between shadows
of another ephemeral hour,
Ships and steamboats
stop paralyzed in the painting
of the day...

Another Christmas here
with Jan's family,
Simple conversations,
jokes, laughter,

Ham plates, turkey,
sweet potato purée,
multitude of candy, and
cookies…

The sun hides behind the
face of a gray screen,
Abandoned buildings with
graffiti art,
Paths pass through streets
piled with houses, majestic
oak trees,
Stretched branches reaching
the moon,
That white light balances
itself with celestial strings,
discarded in the asphalt,
Steel from railroad tracks,
We go from one intersection
to another—Jan, Don, and I…

We enjoy the city that
rests parallel to the great
river watching us from its
shoreline.

(12/27/2016—New Orleans, Louisiana with Jan)

"Entre Comillas"

Decisiones vienen y se van
como el viento frío
que desvanece con corrientes
cálidos,
Nos perdemos en obstáculos
espirituales que nos azotan
como olas de un mar
indisciplinado...

Fracaso, a veces, de
sentarme calladamente
en la médula del silencio
escuchando el pulso de Dios,
Es ahí donde se siente
el amor en nuestros corazones
como el abrazo de un querido
en momentos vacilantes...

Vacilo entre mis compulsiones
de hacer y no hacer,
de asegurarme otra vez
de lo incierto de lo cierto,
que cerré la puerta,
que apagué la estufa,
que el grifo no gotea agua,
¿Cuántas veces?

La obsesión de nuestras cosas
nos esclaviza,
La libertad como ilusión de
una nube lejana se nos escapa,

Veo entre las rejas
la misericordia divina,
Te busco, te necesito
para derrumbar
estas aflicciones internas...

El amor que siento por fin
engrandece cada día,
Su sonrisa incesante,
Su modo de ser positivo,
Su energía y compasión por otros,
por mí, yo por ella...

Estos momentos efímeros
existen entre las comillas
de nuestro existir,
Aparecen y desaparecen como
el polvo levantado
por un paño,
Otro año para indagar
en tu palabra,
para buscarte,
para acariciar la tinta
marcando las páginas
de nuestro existir...

Agradecido estoy por respirar
un aire puro
para establecer esa relación
contigo, Dios, que
nos pacifica y asegura
entre las comillas
de nuestra existencia.

(1/11/2017—San Antonio, Texas)

"In Between Quotation Marks"

Decisions come and go
like the frigid wind disappearing
with warm currents,
We lose ourselves in spiritual
obstacles that batter us
like waves from an
undisciplined Sea…

I fail, sometimes, to sit
quietly
in the marrow of silence
listening to God's
pulse,
It's there where
one feels the love
in our hearts like the
endearing hug of a loved
one in vacillating moments…

I vacillate between my
compulsions to do and not to do,
of assuring myself again of
the uncertainty of what's
certain,
that I locked the door,
that I turned off the stove,
that the sink faucet is not
dripping water,
¿How many times?

The obsession of our things
enslaves us,
Freedom like an illusion
of a faraway cloud
escapes us,
I see in between the fences
of divine mercy,
I look for you, I need you
to demolish
these internal afflictions...

The love I feel for Jan
grows each day,
her incessant smile,
her positive ways,
her energy and compassion
for others,
for me,
I for her...

These ephemeral moments
exist in between the
quotation marks of our
existence,
They appear and disappear
like the dust lifted
by a rag,
Another year to investigate
your word,
to look for you,
to caress the ink
marking the pages of
our existence...

I am grateful to breathe
pure air
to establish that relationship
with you, God,
who pacifies and assures
us in between the
quotation marks
of our existence.

(1/11/2017—San Antonio, Texas)

"Acompañado"

La presencia de muebles
llena el vacío,
Espejo abstracto sobre
chimenea blanca de piedra
en el fondo,
Ecos de voces absorbidos
por gabinetes pardos
en la cocina,
Espacios amplios entre
la sala, comedor y cuarto
de juego,
Afuera un sol medio frío
calienta el gallo en el
alféizar de la ventana,
Tablas blancas abordan
perímetros del piso
de madera,
Alfombra de colores
múltiples adorna
los pisos limitados por
paredes grises,
de azul melancólico,
El milagro de este momento
encerrado en cápsula
de este instante presente,
Recupero de mi cirugía
de doble hernia,
Temporada de descanso,

de reflexión interna,
Puertas del carro cerrando
en el silencio de este
momento,
Pulso de un día
ordinario,
Sintiendo el latir de esta
casa emanando de la
vibración del bajo,
encapsulado en la foto
del músico.

*(2/4/2017—En la casa de Ann y Jim
con Jan en Phoenix, Arizona)*

"Accompanied"

The presence of furniture
fills the emptiness,
Abstract mirror above
a white rock chimney
in the background,
Echoes of voices absorbed
by cream cabinets
in the kitchen,
Wide spaces between
living room, dining room,
and game room,
Outside a half-cold
sun heats the rooster
on the windowsill,
White boards border
the perimeter of the
wood floor,
Rug of multiple colors
decorates the floors
limited by gray walls,
of a melancholic blue,
The miracle of this moment
enclosed in a capsule of
this present instance,
I recover from my
double hernia repair
surgery,

Season of rest,
of internal reflection,
Car doors closing in the
silence of this
moment,
Pulse of an ordinary
day,
Feeling the beat of
this house emanating
from the vibration of the
bass,
Encapsulated in the photograph
of the musician.

*(2/4/2017—At Jim and Ann's home
with Jan in Phoenix, Arizona)*

"Pachi"

Mi corazón tiembla
a tu lado,
Tu luz radiante borra
la oscuridad,
Siento tu amor profundo
en el anochecer y
amanecer…

Eres la mujer más delicada
y dedicada que conozco,
Cuando Dios te formó,
creó una mujer formidable
y angélica…

Eres una bendición, Pachi,
Te adoro y amo tanto,
Mi corazón se ensancha
cada día contigo, mi amor.

(2/14/2017—Para Jan, el amor de mi vida, en San Antonio, Texas)

"Pachi"

My heart trembles
next to you,
Your radiant light
erases the darkness,
I feel your profound love
at dusk and dawn…

You are the most
delicate and dedicated
woman I know,
When God formed you,
He created a formidable
and angelic woman…

You are a blessing, Pachi,
I adore and love you so much,
My heart enlarges
each day with you,
my love.

(2/14/2017—For Jan, the love of my life, in San Antonio, Texas)

"Una Oda a Jim"

Una presencia alta
llena el cuarto,
Un espíritu lleno de
vida tal como recuerdo
a Jim,
Ecos líricos se elevan
sobre la bahía de Nueva
Orleans de una trompeta
persistente,
El cielo tachonado de nubes
divide los ritmos
del blues y el jazz
llevados por un halcón
extendiendo sus plumas,
Sombras de un ciclista
jadeando por aire
al mantener su posición
en la rueda trasera
de su compañero de equipo,
Una devoción a su perro,
Canon, que estuvo a
su lado hasta el final,
Un amor por Ann en la
búsqueda de su integridad,
Algo que todos buscamos
en el laberinto de la
vida,
Nos retorcemos y luchamos
con sus incertidumbres,
Sabiendo que esta es
nuestra lucha…

Un amor por su familia y amigos
se percibe
mientras que nos juntamos
aquí para recordar a Jim,
Fotos mentales de él cocinando
tocino con huevos,
bistecs y pimentones rojos
con imágenes de vino tinto
filtrándose por el lente
de una copa de cristal
compartida,
Un arrecife de coral
de colores vivos llena
un caleidoscopio con
una combinación de tonos
grabados eternamente
en una serie de fotografías
en Phoenix, Arizona...

Matices
de oscuridad y
luz se exponen
vigorosamente en esta reunión
conmemorativa,
Derramamos lágrimas de
alegría y tristeza por
nuestro amor por Jim,
Una alegría al saber
que su ser permanece
en nuestros corazones,
Una tristeza al extrañar
su esencia física,

Hacemos el luto juntos
sabiendo que el espíritu
de Jim descansa ahora
en las manos de Dios,
Manos uniéndonos a Jim
mientras que nos abrazamos
hoy en esta ceremonia
de amor y conmemoración.
(4/10/2017—San Antonio, Texas)

 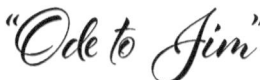 

"Ode to Jim"

A tall presence fills the
room,
A spirit full of life as
I remember Jim,
Lyrical echoes soar over
the bay of New Orleans
from a lingering trumpet,
The cloud studded sky
parts the misty blues
and jazz rhythms
carried by a courageous
hawk expanding its
feathers,
Shadows of a wheelman
gasping for air
as he holds his position
on the back wheel
of his cycling teammate,
A devotion to his dog,
Canon, who stood by
his side until the end,
A love for Ann in his
search for wholeness,
Something we all seek
in the labyrinth of life,
We twist and wrestle
with its uncertainties,
Knowing this is our
struggle…

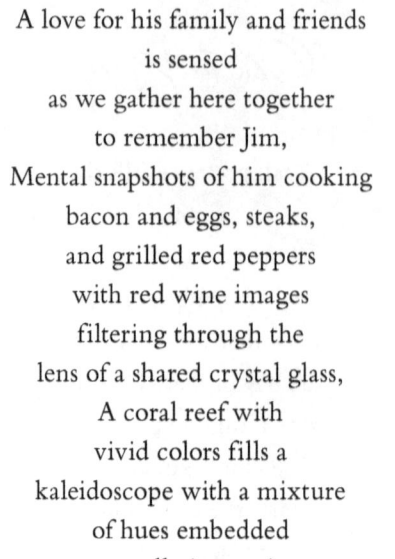

A love for his family and friends
is sensed
as we gather here together
to remember Jim,
Mental snapshots of him cooking
bacon and eggs, steaks,
and grilled red peppers
with red wine images
filtering through the
lens of a shared crystal glass,
A coral reef with
vivid colors fills a
kaleidoscope with a mixture
of hues embedded
eternally in a series
of photographs in Phoenix, Arizona…

Shades of dark and light
display themselves
vigorously at this memorial,
We shed tears of joy
and sadness for our love for Jim,
A joy knowing his being
remains in our hearts,
A sadness for missing his
physical essence,
We grieve together knowing
Jim's spirit now rests
in God's hands,
Hands uniting us to Jim
as we embrace each
other today in this ceremony
of love and remembrance.

(4/10/2017—San Antonio, Texas)

"Nuestro Amor"

Esa primera cita,
Tú con tu faldita estampada de flores
y blusa blanca,
Tu espíritu contagiosa,
Compartimos
nuestro primer café,
Un latte pequeño con leche entera…

Una energía mágica,
mística entre nosotros,
Esa flor de hace ocho años sigue
floreciendo en nuestros abrazos,
nuestras palabras,
los momentos juntos,
Eres la luz de todos
los pétalos que
permanecen en nuestros corazones,
Eres la sombra de mi andar,
Me completas la vida.

(4/14/2017—Nuestro aniversario en San Antonio, Texas)

"Our Love"

That first date,
You with your flowered print skirt
and white blouse,
Your contagious spirit,
We shared our first coffee,
Tall latte with whole milk…

That flower of eight
years ago continues
to bloom in
our embraces,
our words,
moments together,
That light of all
petals that
remains in our hearts,
You are the shadow
of my walk,
You complete my life.

(4/14/2017—Our anniversary in San Antonio, Texas)

"La Charreada"

A las dos de la tarde,
Jan y yo en bicicletas
rodamos por el sendero
de las misiones españolas,
Todo verde lleno de
la vegetación de
primavera,
El río fluye entre
nuestras rotaciones
de pedales,
Cómo amo a Jan y
su espíritu aventurero,
Su deseo de conocer,
hacer y experimentar...

Muchachas a caballo,
adornadas en vestidos blancos
y azules,
montadas de lado en sus sillas,
se balancean como bailarinas
entrecruzándose las
unas con las otras con sus caballos,
La unión entre bestias
y mujeres se expresa
como garcetas posadas
en las rocas del río,
Pasamos a otros ciclistas,
caminantes y corredores
disfrutando del sol y
de la sombra de
charros con sombreros de ala ancha...

Los charros con sus lazos
ejecutan rotaciones
de cuerda entre sus cuerpos y
caballos,
Agarran los becerros por sus colas,
Amarrándolas a sus estribos
para sentarlos
sobre la arena,
Ambiente festivo avala
la unión de los Estados Unidos
y esta tradición mexicana,
La gente, con su Dos Equis,
bebidas de chile y mango,
sentada y parada en el
semicírculo de asientos,
Charro parado sobre caballo
salta entre su lazo,
El gentío aplaude,
Miro a Jan,
La beso,
Ella lleva su camisa rosada
oscura,
Su sonrisa eternal ilumina el día,
Un charro jovencito monta
un caballito,
La tradición se extiende,
Yo abrazo a Jan,
agradecido por su compañía,
La amo tanto este día
como siempre entre
los charros de San Antonio.

(5/1/2017—San Antonio, Texas)

"Mexican Rodeo"

At two o'clock in the afternoon,
Jan and I roll on bicycles on the Spanish Mission Trails,
Everything is green full of the spring's vegetation,
The river flows in between the rotation of our pedals,
How I love Jan and her adventurous spirit,
Her desire to know, to do, and experiment…

Girls on horseback, adorned in white and blue dresses sitting side-saddle,
balance themselves like ballerinas intercrossing each other with their horses,
The union between beasts and women expresses itself like posing egrets on the river's rocks,
We pass other cyclists, walkers, and runners enjoying the sun and shade of the Mexican cowgirls with their broad-brimmed sombreros…

The Mexican cowboys with
their lassos perform
rope rotations between
their bodies and horses,
They grab calves
by their tails,
Tying them to their stirrups
to sit them down
on the sand,
Festive atmosphere embraces
the union of the United
States and this Mexican
tradition,
People, with their Dos Equis,
chile, and mango drinks,
sitting and standing in
the semicircle of seats,
Mexican cowboy standing on
horse jumps in between
his lasso,
People applaud,
I look at Jan, I kiss her,
She wears her dark
pink shirt,
Her eternal smile illuminates
the day,
A young Mexican cowboy
rides a small
horse,
The tradition passes on,
I embrace Jan,
I am grateful for her
company,
I love her so much this day
as always among the Mexican
cowboys of San Antonio.

(5/1/2017—San Antonio, Texas)

"Tikal"

Ruinas majestuosas perdidas
en el bosque,
Monos araña saltan
entre árboles,
Ciudad misteriosa de
las voces,
Las palmadas de mano
recrean el eco
de los nobles,
El número nueve simboliza
las etapas de la
vida subterránea,
El calendario maya mide
los días,
Gotas de lluvia para
cultivar,
Temporada seca de
espera,
El noble en su trono
se impone a
los plebeyos…

Revolución del sol
alrededor de la tierra,
Estrellas, luna, espacio infinito
del cielo,
Castillos de piedra en las
cuatro zonas,

Norte, Sur, Este, Oeste,
Ciclo repetitivo marca
el ritmo de vida,
El caminar entre ramas, hojas,
viñas,
Manchas del sol entran
por aperturas
cuasigeométricas creando
hondas de agua circulares
en la entrada de la cueva maya,
Gotas mágicas forman
estalagmitas adentro
de este bosque de piedra,
La terraza del hotel
nos une a las copas de los
árboles del quetzal melódico,
Una brisa húmeda nos
circunda en este
paisaje tropical.

(6/1/2017—Tikal, Guatemala con Jan)

"Tikal"

Majestic ruins lost in
the forest,
Spider monkeys jump
among the trees,
Mysterious city of voices,
Clapping hands recreate
the echoes of
the noble ones,
Number nine symbolizes
the stages of the
subterranean life,
Mayan calendar measures the days,
Raindrops for cultivating,
Dry season for waiting,
The noble one in his
throne imposes himself
over the plebeians...

The sun's revolution
around the earth,
stars, moon, infinite
space of the sky,
Stone castle in the four zones,
North, South, East, West,
Repetitive cycle marks
the rhythm of life,
Walking among branches,
leaves, vineyards,

Sun stains enter
quasi-geometrical openings
creating circular waves of
water in the entrance of
the Mayan cave,
Magical drops form
the stalagmites inside
this stone forest,
The hotel's terrace joins us
to the treetops
of the melodic quetzal,
A humid breeze surrounds
us in this tropical landscape.

(6/1/2017—Tikal, Guatemala with Jan)

www.ingramcontent.com/pod-product-compliance
Lightning Source LLC
Chambersburg PA
CBHW030552080526
44585CB00012B/351